国家社会科学基金项目阶段性研究成果（12BJY147）

浙江省哲学社会科学项目阶段性研究成果（09ZXQY10YB）

浙江省哲学社会科学重点研究基地建设项目成果（温州人经济研究中心）

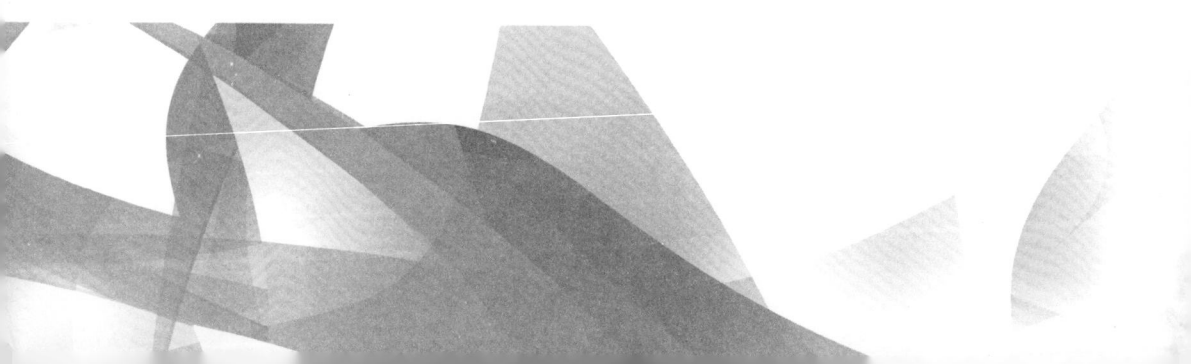

MINGYING QIYE GUOJIHUA JINCHENG YANJIU

JIYU YANHAI XIAOQUYU DE KAOCHA

民营企业国际化进程研究

—— 基于沿海小区域的考察

◎ 林 俐 著

浙江大学出版社
ZHEJIANG UNIVERSITY PRESS

目　录

导　论 ·· 1

1　企业国际化理论及述评 ·· 7
1.1　企业国际化进程 ·· 7
1.2　企业国际化发展的影响因素 ·· 10
1.3　民营企业国际化的相关研究 ·· 14

2　民营企业国际化进程演进模型 ······································ 17
2.1　问题的提出 ·· 17
2.2　民营企业国际化:对外贸易到境外投资 ···························· 18
2.3　推动民营企业国际化进程因素分析 ································ 28
2.4　结论与启示 ·· 33

3　民营企业对外贸易:国际化初起 ···································· 35
3.1　相关理论综述 ··· 35
3.2　民营企业对外贸易发展影响因素 ·································· 39
3.3　温州民营企业对外贸易的纵向考察 ································ 44
3.4　民营企业对外贸易实证分析:基于 137 份温州企业问卷调查 ····· 51

4　民营企业吸引外资:国际化发展 ···································· 66
4.1　相关理论综述 ··· 66
4.2　我国利用外资政策演变 ·· 69
4.3　温州民营企业吸引外资的纵向考察 ································ 73
4.4　民营企业吸引外资实证分析:基于 195 份温州企业问卷调查 ····· 88

5　民营企业境外投资：国际化深化 ································ 98

　　5.1　相关理论综述 ··· 98

　　5.2　温州民营企业境外投资的纵向考察 ················· 102

　　5.3　民营企业境外投资效应分析：基于温州企业案例 ······· 107

6　企业主导与政府主导的引资行为比较：以温州、苏州为例 ······· 115

　　6.1　温州与苏州引进外资背景 ··························· 115

　　6.2　温州与苏州引进外资实践回顾 ····················· 117

　　6.3　温州与苏州引资行为：企业主导与政府主导 ········· 121

　　6.4　两种引资行为比较 ······························· 122

7　民营企业国际化方向偏好比较：以温州、苏州与泉州为例 ······· 128

　　7.1　民营企业国际化小区域模式 ······················· 129

　　7.2　民营企业国际化方向偏好测算及比较 ··············· 131

　　7.3　民营企业国际化方向偏好的成因 ··················· 134

　　7.4　民营企业国际化方向偏好的效果 ··················· 137

8　区域经济国际化程度比较：以温州、苏州与泉州为例 ········· 139

　　8.1　区域经济国际化程度评价指标：基于内向、外向视角 ··· 140

　　8.2　区域经济国际化程度测算及比较 ··················· 141

　　8.3　区域经济国际化程度差异的成因 ··················· 144

　　8.4　结语 ··· 146

9　典型案例研究 ··· 147

　　9.1　哈杉鞋业：设立海外工厂 ··························· 147

　　9.2　嘉利特与荏原：民外合璧 ··························· 151

　　9.3　德力西与施耐德：强强联合 ······················· 156

　　9.4　奥康鞋业：牵手知名品牌 ··························· 159

　　9.5　夏梦与杰尼亚：跨国联姻 ··························· 162

　　9.6　康奈集团：国际连锁专卖 ··························· 167

　　9.7　冠盛集团：区域营销网络 ··························· 171

参考文献 ··· 175

后　记 ··· 185

导　论

　　企业国际化经营是指企业积极参与国际分工,由国内经营向全球经营发展的过程。在世界经济全球化向纵深发展的今天,任何企业的生存与发展都不可避免地要参与国际竞争。综观世界著名跨国公司,都经历了从小到大、由国内市场向国际市场发展的过程。企业国际化是一个由低级向高级演进的过程。改革开放以来,我国民营企业国际化步伐日益加快,近几年《中国对外直接投资统计公报》无一例外地显示民营企业投资主体数量上升较快,而且大多集中在沿海地区的民营企业。这种趋势促使我们在不断思考一系列问题:民营企业从创办初始到境外投资,其间经历了哪些环节? 又是什么因素推动企业国际化? 不同沿海区域的企业国际化过程是否存在差异,我们在寻找国内外理论支持与实践检验。国内外传统理论将企业国际化过程分为渐进式、跳跃式两种形式,这些理论构建主要是基于发达国家和地区的企业国际化实践,关注的是发达国家企业的国际化行为。而国内研究大多还集中在理论上的探讨和分析,对典型地区民营企业样板的实证研究较少,尤其是对特定时期内全方位的历史考察研究。由此,本书尝试总结与梳理沿海地区民营企业国际化实践,从中提炼其理论意义与决策价值,以期对推进我国民营企业国际化具有积极的示范作用,同时,为人们在借鉴国内外相关理论验证中国企业国际化时提供一个典型的素材。

0.1　相关概念的理论界定

　　本书涉及多个理论概念,为便于开展下文进一步研究,在此将对民营企业、国际化、沿海小区域等一组概念进行界定。

首先,对民营企业的概念界定。改革开放以来,我国国民经济最重要和最深刻的变化之一,就是多种经济成分和多种经营方式新格局的形成,特别是民营经济的迅速崛起,对我国的现代化进程产生了深远的影响。所谓民营经济,它是由民间、社会团体、个体、家庭、家族及其他非政府所有和经营管理并独立承担市场风险和民事责任的经济组织,其实质就是以民为本的经济。谢健、任柏强(2000)对民营经济做了如下定义:所谓民营经济应该是指政府不直接干预,企业采取市场经济的运作方式,自主经营,自我管理,自负盈亏,在竞争中谋求自我发展的经营方式。从我国现实出发,他们将民营经济概念分为狭义和广义两个方面:从狭义上看,民营经济就是指产权清晰的私有经济,包括个体经济、私营经济、私人持股的股份合作制和股份经济,也即纯粹的民营经济,这与国外的民营经济概念是一致的。广义的民营经济,即除了狭义的民营经济外,还包括集体经济、外资经济以及国有不控股的混合经济。[①] 虽然国内经济理论界的许多学者对民营经济的界定更倾向于广义的概念,但社会各界对民营经济的理解往往采用狭义的概念。与此相对应的,狭义的民营经济的企业组织包括:股份合作制企业、联营企业、有限责任公司、股份有限公司、私营企业、个体工商户与其他等。基于这一点,本课题的研究主体则侧重于狭义的民营企业。

其次,对国际化的概念界定。何谓企业国际化,人们的说法很不统一(卢新德,2000)。其中代表性的观点主要是:企业国际化,"是指企业积极参与国际分工,由国内经营向全球经营发展的过程"(鲁桐,1998);"企业国际化的过程就是在产品及生产要素流动性逐渐增大的过程中,企业对市场国际化而不是对某一特定国家市场作出反应"(理查德·罗宾逊,1998);"企业国际化是指企业在利润、竞争机制和发展要求的驱使下经营活动超越国界,企业决策越来越以满足世界市场需要为中心并向经营利益全球化方向发展的过程"(赵晏,1996);"企业国际化就是企业在两国、多国、洲际,甚至全球范围内,从事经营活动,追求最大限度的国际比较利益"(卢新德,2000)。梁能(1999)认为,应将国际化分为企业经营的国际化和企业自身的国际化,前者是企业产销活动的范围怎样从一国走向世界的问题,后者是一个原先"土生土长"的地方性国内企业如何走向跨国公司演变发展的问题,这是两个相互关联但又并不完全相同的问题,经营的国际化过程也往往是企业机构设置国际化的过程。同时,当前国内学术界对国际化也有不同提法,类似的代

---

① 谢健,任柏强.民营经济研究:透过民营经济看温州模式.北京:中华工商联合出版社,2000(5—6).

表性提法有国际化、跨国经营、海外经营、国际化战略等等。这几个概念之间存在一定联系,也有一定区别。国际化应用范围较广一些,既可以是企业经营国际化(也就是企业国际化),也可以是经济国际化或产业国际化等。鲁桐(2003)对企业国际化发展问题进行考察时,其考察对象是海外经营业务的企业,这里的国际化也等同于"海外经营"。但有些学者认为跨国经营和国际化内涵是不同的,跨国经营是国际化的最后阶段或者说是目标(李占祥、卢馨,2003)。本书研究侧重于微观层面,也为统一和规范,前后都基本统一采用"国际化"这个提法。

最后,对沿海小区域的概念界定。目前理论界提的并不多。中华人民共和国海洋行业标准《沿海行政区域分类与代码》以海岸线为基本构成要素,依据行政区域管理体制,将沿海行政区域分为沿海地区、沿海城市和沿海地带三个层次。第一层为沿海地区:是指有海岸线的沿海省、自治区和直辖市及其所辖海域、海岛等,包括天津市、河北省、辽宁省、上海市、江苏省、浙江省、福建省、山东省、广东省、广西壮族自治区、海南省 11 个沿海地区。本书对沿海小区域的界定是,以上 11 个沿海地区内的地级市,由于篇幅关系,本书仅涉及三个城市即温州、苏州与泉州。

0.2　本书创新点

本书在吸收众多学者现有研究成果基础上,力求在以下三个方面能取得创新:

1. 研究视角创新:立足微观

本书以民营企业为研究主体,重点立足于微观视角。民营企业作为市场经济的微观主体,其国际化行为以市场为导向,国际化行为决策由企业内部决定,基本符合了市场经济的要求。所以我们选择了民营企业作为研究主体,而且选择了民营经济发达的沿海小区域温州、苏州、泉州作为实证研究地区,尤其是温州,其研究结论更有代表性与科学性。

2. 研究方法创新:理论与实证的结合

首先,应用了文献研究与实践考察相结合的方法,构建本书的理论分析框架——民营企业国际化进程理论模型;其次,应用历史数据、企业访谈、问卷调查等方法获取定性和定量数据,通过统计软件进行实证分析;最后,对理论分析、实证检验和统计分析结论进行总结梳理,形成最终的研究结论。

开展的企业调研如下：

（1）问卷调查与实地访谈。2008 年 7—12 月笔者对温州民外合资企业进行问卷调查，发放问卷 260 份，收回有效问卷 195 份；2009 年 12 月至 2010 年 6 月，笔者对温州民营企业对外贸易进行问卷调查，发放问卷 240 份，收回有效问卷（包括纸质问卷、电子问卷）137 份；其间，笔者对民营企业进行实地访谈与调研，先后对 30 多家规模较大的温州、苏州、泉州企业进行实地调查，企业负责人平均接受了两三个小时的访谈，坦率地回答了有关提问。

（2）纵向考察与横向比较。本书在许多章节采用翔实的国际化数据，对民营企业国际化进程进行纵向考察，寻求企业国际化进程轨迹。同时，采用不同温州、苏州、泉州企业国际化相关数据，开展横向比较，寻求不同地区民营企业国际化进程演进的个性特征及原因。

（3）理论分析与实证分析。本书借鉴了国际学术界有关国际化进程理论框架，在理论研究上力求与国际接轨。同时，通过对沿海小区域民营企业国际化实践的纵向考察，总结与提炼其国际化发展路径的一般规律，寻求我国民营企业的国际化进程轨迹。

3. 研究内容创新：国际化进程

本书选择了国际化问题研究中的一个重要分支即国际化进程作为研究主题，而且立足微观视角，以沿海小区域的温州、苏州、泉州为例，对民营企业国际化进程进行较为系统的研究。在现有国际化理论研究回顾与梳理的基础上，通过对浙江民营企业国际化实践的纵向考察，提出并构建本书研究的理论框架（即"民营企业国际化进程演进模型"）。以温州地区为例，对该模型进行实证检验与分析。以温州、苏州、泉州为例对民营企业国际化进程进行比较分析。最后是围绕本书主题的案例研究。

本书共分九章，可以大致分为四个部分。第一—二章为理论综述与框架构建，第三—五章为对理论模型的实证检验，第六—八章为沿海小区域的比较研究，第九章为案例研究。其中第三—五章体例大体一致：从理论分析、纵向考察到实证研究；第六—八章体例大体一致：指标构建、测算比较到差异分析。第九章典型案例均来自作者的多年亲自调查和积累。

0.3　研究内容

本书除导论外，共分九章：

第一章为企业国际化理论综述。企业国际化是近 20 年来国际商务领域研究的重点课题之一,重点研究一国企业如何向跨国企业演变发展的问题。有关企业国际化经营理论的研究,主要围绕着以下两个方面展开:一是企业国际化进程;二是企业国际化发展影响因素。本章尝试对已有理论研究进行系统的梳理并进行简要的述评,从而为本书研究寻找相关的理论支持。

第二章为民营企业国际化进程理论模型。浙江是民营企业国际化起步较早,发展较好的省份。笔者纵向考察 1978—2010 年浙江民营企业国际化的实践,通过对历史数据和实践的归纳与总结,对各个主要发展与演变阶段进行评价,初步研究表明,民营企业国际化经历了对外贸易、吸引外资到境外投资等国际化程度不断提升的演变阶段,提出并描述了国际化进程演进的理论模型,从中得出相关启示性结论,并以该模型作为本书的分析框架。

第三章重点研究民营企业对外贸易。对外贸易为企业国际化初起阶段。本章在梳理对外贸易影响因素理论研究基础上,对当前民营企业对外贸易发展的影响因素进行分析,以温州为例,对民营企业 1987—2009 年对外贸易实践进行纵向考察,并对 137 家温州企业开展问卷调查,应用 SPSS 软件对所获数据资料进行归类及因子分析,得出初步结论:金融危机、政策、汇率、竞争、研发、品牌等因素对企业出口业务、出口利润、出口地区、收汇风险大小等有着不同程度的影响。

第四章重点研究民营企业吸引外资。民营企业吸引外资为国际化发展阶段。本章在国内外吸引外资相关理论综述基础上,阐述了我们利用政策演变过程;以 1984—2007 年温州数据为例,对民营企业吸引外资实践进行纵向考察与评价,通过 195 家温州民营企业问卷调查,对民营企业吸引外资的动因、效应及环境等进行实证研究。

第五章重点研究民营企业境外投资。民营企业境外投资为国际化发展阶段。境外投资是民营企业向海外进一步拓展发展空间的投资行为。本章在境外投资理论综述基础上,以 1980—2009 年数据为例,对温州民营企业境外投资实际进行纵向考察,并基于三个温州典型案例企业对境外投资效应开展实证分析,发现境外投资在带动企业对外贸易、产业转移、产业升级等方面都产生一定效应。

第六章对企业主导与政府主导的引资行为进行比较。我国大多数地方政府开展各种方式的招商引资,称之为政府主导的引资行为。苏州就是这样的典型。然后,温州在引进外资中政府并不扮演主要角色,而是以企业为主导力量引进外资,称之为企业主导的引资行为。本章将采用温州、苏州的 1984—2010 年的相关数据,对两种引资行为进行比较研究。

第七章对民营企业国际化方向偏好进行测算与比较。本章引入方向偏好概念,经过测算与比较,得出结论:温州、苏州与泉州企业国际化总体表现出不同的方向偏好:外向、内向及"中间路线"。在影响偏好形成的众多因素中,区位条件、政策环境与要素结构三个因素能较好地解释不同方向偏好的形成原因。

第八章对区域经济国际化程度进行测算与比较。本章基于经济国际化的内向、外向视角,设置相应的区域经济国际化程度评价的指标体系。采用温州、苏州和泉州的相关年度数据,对三地经济国际化程度进行测算及比较。内向国际化程度的大小排序为苏州、泉州、温州,而外向程度由大到小依次为温州、苏州、泉州。三地经济国际化方向偏好、具体方式、贸易结构能较好地解释上述国际化程度的差异。

第九章为典型案例研究。在本章研究过程中,作者对某些问题或某个领域进行深度调查,获取大量的案例研究资料,本章共收集七个典型案例。

1 企业国际化理论及述评

企业国际化经营是近 20 年来国际商务领域研究的重点课题之一,重点研究一国企业如何向跨国企业演变发展的问题。Fletcher(2001)认为,有关企业国际化经营理论的研究,主要围绕着以下两个方面展开:一是企业国际化经营是怎样的发展过程;二是影响企业国际化经营发展及其结果的因素。本章尝试对已有理论研究做一系统的梳理并进行简要的述评,从而为本书研究寻找相关的理论支持。

1.1 企业国际化进程

Aharoni(1966)对企业对外投资的决策过程进行了开创性的研究,提出了企业国际化连续性决策假说,为其后的企业国际化进程研究提供了一个全新的分析思路。纵观相关文献,关于企业国际化进程大致存在两种观点,分别为渐进论与跳跃论,以下将分而论之。

1.1.1 渐进论

20 世纪 70 年代以来,以 Johanson、Wiedersheim-Paul 和 Vahlne(1975,1977,1990)为代表的北欧学派采用企业行为理论研究方法,提出了企业国际化"渐进论"(或称"阶段论"),从而形成研究企业国际化进程的 UIM 模型

(Uppsala International Model)。[①]

Johanson & Wiedersheim-Paul(1975)对瑞典四家跨国公司的海外经营过程进行比较研究,从海外销售子公司(S)和海外生产分公司(P)的设立顺序看考察,发现四家公司的跨国经营演变有着非常相似的地方。[②] 他们把海外经营划分为四个阶段:不规则的出口活动(N)、通过代理商出口(A)、建立海外销售子公司(S)和设立海外生产分公司(P)。Johanson 等认为上述四阶段是一个"连续"、"渐进"的过程,它们分别表示一个企业的海外市场的卷入程度或由浅入深的国际化经营程度。企业国际化经营的渐进性主要体现在两个方面:一是企业跨国经营方式的演变遵循以下路线:纯国内经营→通过中间商间接出口→直接出口→设立海外销售分部→海外生产;二是企业市场范围扩大的地理顺序,通常是本地市场→地区市场→全国市场→海外相邻市场→全球市场。

Johanson & Vahlne(1977,1990)用"市场知识"(Market Knowledge)来解释企业国际化的渐进特征。[③] 尽管存在对企业国际化进程有潜在影响的重要因素,但具体的市场知识是企业国际化行为的唯一决定因素。市场知识由两部分组成,一部分是一般的企业经营和技术,即可以从教育过程、书本中学到的客观知识(Objective Knowledge)。另一部分关于具体市场的知识和经验,或称经验知识(Experiential Knowledge),只能通过亲身的工作实践积累,后者对于企业的海外经营起着关键作用。经过一段时间的海外经营活动,企业家获得并积累了对该市场的认识和经验;海外经营活动反过来增加了决策者的市场知识,成为决策者认识和把握海外市场机会的新基础,从而推动企业把更多的资源投向海外市场。此外,北欧学者们还用"心理距离"(Psychic Distance)分析解释企业选择海外市场的先后次序。所谓"心理距离"是指妨碍或干扰企业与市场之间信息流动的因素,包括语言、文化、政治体系、教育水平、经济发展阶段等。[④] 他们认为当企业面临不同的外国市场时,选择海外市场的次序应遵循心理距离由近到远的原则。

企业国际化"渐进论"提出以后,引起了企业国际化研究领域的广泛关

---

① 该理论最初由瑞典 Uppsala 大学的学者们提出,也称 Uppsala Internationl Model,简称 UIM 模型。

② Johanson, J. , and Wiedershweim-Paul, F. (1975):The Internationalization of the Firm—Four Swedish Cases, *Journal of Management Studies*, 12(3):305—322.

③ Johanson, J. , and Vahlne, J. E. (1977):The Internationalization Process of the Firms: A Model of Knowledge Development and Increasing Market Commitment, *Journal of International Business Studies*, 8(2):23—32; Johanson, J. , and Vahlne, J. E. (1990):The Mechanism of Internationalization, *International Marketing Review*, 7(4):11—24.

④ W. 贝克曼(W. Beckermann). 欧洲内部贸易的距离和形式. 经济和统计评论,1956(28).

注。一些学者进行实证研究证明,中小规模的出口企业在经营活动中表现出明显的阶段性,如 Carlson (1975)对瑞典企业出口行为的研究、Bilkey & Tesar(1977)对美国威斯康星中小企业出口行为的考察,以及 Johanson & Nonaka (1983)对日本企业出口战略的研究、Cavusgil(1980,1982)对北美企业的研究等,都从经验上支持了企业国际化的"渐进论"。其中,Cavusgil(1980,1982)把企业国际化进程看成是一个"连续渐进"的过程,他把这个过程分成五个阶段,分别为国内营销阶段、前出口阶段、试探性介入阶段、积极投入阶段以及国际战略阶段。

1.1.2 跳跃论

不少学者的经验研究支持了企业的国际化进程中时常表现出跳跃性的事实。正如 Reid(1984)所指出的,被普遍认同的企业国际化进程渐进论是缺乏足够的经验证据的,不少实证研究发现了企业国际化进程中时常表现出跳跃性的事实。Hedlund & Kverneland(1985)基于对瑞典企业在日本跨国经营实践的实证研究发现,企业在国外市场的进入和发展策略比渐进国际化理论所揭示的方式更加直接和快速,超过半数被调查企业直接从销售代理跳到国外制造。Millington & Bayliss(1990)发现英国 50 家制造业企业国际化的经验事实并不支持企业国际化进程的渐进观点。Benito & Gripsrud(1992)利用 1982 年挪威制造业企业的 FDI 数据对 FDI 的区位选择进行了实证检验,其结果对企业国际化进程的渐进论产生了质疑,并支持了企业国际化进程的跳跃论。

Forsgren(2002)认为 UIM 模型中"学习"的概念过于狭窄,因而影响了该模型的解释力。他在对"学习"概念进行拓展分析的基础上,提出了对企业国际化进程的"渐进论"构成挑战的命题,即企业的市场知识除了从自己的经验中积累外,还可以从别人的经验中获得,因此,企业在不具备自己的经验知识时也可能进行海外投资;在对投资风险进行理性分析的基础上,企业即使不具备经验知识也可能进行海外投资;另外,市场知识的逐渐积累并妨碍企业海外投资的激进战略。

林俐(2003a,b)对温州打火机行业国际化进程进行实证研究时发现,该行业的国际化进程是一个"跳跃"的过程,即跳过了"渐进论"中关于市场范围和跨国经营方式演变中的某一个或多个环节。刘志彪、张晔(2006)对温州企业国际化进行研究后,认为部分产业国际化也有着"跳跃论"的特征。

1.2　企业国际化发展的影响因素

1.2.1　学习能力

　　企业从事跨国经营面临的最大困难是缺乏国外市场的知识和经验,这也是企业国际化要渐进地经历各阶段的原因。Forsgren & Johanson(1992)的研究表明,在企业国际化由内而外的地理跨越过程中,成功与否的决定因素将是经过实践而积累的经验知识。在很多情况下,有关外国文化、制度系统和当地关系网络的各种信息和经验等"缄默知识"往往不适合书本传播,却可以被企业"亲身体会"所获得。对海外市场了解的增进与应对能力的提高主要依赖"干中学",必须也只能通过经营实践来完成。[1] Forsgren(2002)则进一步强调,企业的国际化经营成长依赖于利用各种手段和学习机会,包括模仿性学习、与其他企业的合作、引入专业人才等。

　　Erikson et al. (1997)关注市场知识对企业关于国际化成本感知的影响,他们把市场知识分为两类:其一是关于企业自身在国际经营中的能力和资源的知识,称为国际化知识;其二是特定市场知识,包括商业知识(Business Knowledge)和制度知识(Institutional Knowledge),称为国外商业知识(Foreign Business Knowledge)。基于362家服务业企业的实证研究表明,企业的国际化知识对国外商业知识具有显著影响,进而影响企业对国际化成本的感知。由此可以看出,企业对自身能力和资源的把握可以影响其在特定市场经营中的学习能力,从而影响企业国际化进程。

　　Mathews & Dong-Sung(1999)认为,对于国际化经营初期发展的中小企业而言,能否具有学习能力,实现模仿创新的后发优势,是成长为跨国公司的关键因素。与发达国家跨国公司相比,发展中国家跨国公司属于"后来者",它具有三个明显优势:第一,它们是快速的具有明确追赶目标的跟随者;第二,它们是充分利用各种资源实现新的组合优势的技术模仿者;第三,它们是具有较强吸收消化能力的学习者。

---

[1]　Forsgren, M. & Johanson, J. (1992): Managing in International Multi-centre Firms. In M. Forsgren, & J. Johanson (eds.), *Managing Networks in International Business* (19－31), Philadelphia: Gordon and Brech.

20 世纪 90 年代后半期,跨国兼并与收购活动成为跨国公司对外直接投资的主要方式。而 Lajoux(1998)研究表明,跨国兼并与收购后的投资收益率并不高。接着,Barkema & Vermeulen(1998)、Haleblian & Finkelstein(1999)、Very & Schweiger(2001)从学习能力的角度分析导致跨国兼并与收购失败的原因。其中,Haleblian & Finkelstein(1998)用行为学习理论分析收购者的收购经验与收购后企业经营业绩的关系,认为两者之间呈现"U"型关系;Very & Schweiger(2001)认为,兼并收购过程中的学习应分为"收购目标的学习"和"收购经验积累学习",在跨国兼并收购的不同阶段,收购者面临着不同的问题,从而加大了跨国兼并与收购的风险,这对企业的学习能力提出了更高的要求。

Raymond & Blili(2001)的研究表明,在信息技术普遍应用的 21 世纪,中小企业的发展在很大程度上取决于其"组织学习(Organizational Learning)"。组织学习被定义为企业或生产单位掌握知识从而提高了解决问题的能力,同时这种学习得益于四个方面的活动:对知识的掌握、对信息的传播或分享、对信息的分析以及对知识的应用。同时强调,企业在组织学习过程中必须使信息技术与企业流程再造有效地结合,有质量的组织学习已经成为企业竞争优势的重要来源。

1.2.2　网络构建

以 Hagg & Johanson(1982)、Hammarkvist(1982)以及 Johanson & Mattsson(1985,1986,1988)等人为代表的瑞典学者提出了企业国际化的网络模式,他们应用网络理论分析产业内企业的国际化行为,并阐述了网络关系对企业国际化进程的影响。Johanson & Mattsson(1988)研究认为,企业国际化就是企业在国际市场建立、发展网络的过程。企业可以根据企业的国际化程度与国际产业网络的成熟程度两个维度来确定其在网络中的位置。据此,他们将国际化的企业划分为四种类型,分别为:"早起步企业"、"孤独的国际化企业"、"晚起步国际化企业"以及"众里并存国际化企业"。(如图 1-1 所示)。

(1)早起步企业。早起步企业在模型中处于"双低"状态,它们无法从企业网络中获得任何有效的知识与信息,其海外经营的不确定性风险巨大。为了获得有关国外市场的知识,开端者一般通过代理商进入海外市场。凭借代理商对国外市场的知识和以往的经验,这类中小企业可以减少成本和不确定性。如果能受到国外分销商与客户的鼓励,他们往往就会进行进一步的国际化经营。

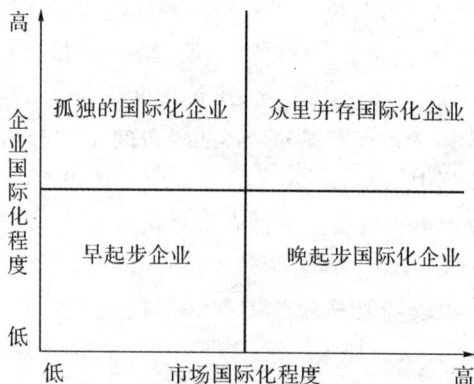

图 1-1　企业网络国际化关系模型

资料来源:Johanson, J. & Mattsson, L.-G. (1988):Internationalization in Industrial Systems: A Network Approach, in Neil Hood and J. E. Vahlne(eds), *Strategies in Global Competition*(303—321), New York:Croom Helm.

(2)孤独的国际化企业。孤独的国际化企业在模型中处于"一高一低"状态,企业国际化程度很高,但其市场国际化程度很低。此类企业事先已经取得了有关国外市场的知识与经验,但由于缺少一个国际化水平较高的网络,只能依靠自身资源和能力开拓国际市场。孤独者虽然国际化经营的风险较大,但由于在企业网络中建立了自己的位置,因此较之国内竞争对手往往有着更多的优势。

(3)晚起步国际化企业。晚起步国际化企业在模型中处于"一低一高"状态,企业国际化程度很低,但其市场国际化程度却很高。他们已经通过其供应商、客户、竞争对手与国外企业建立了间接的网络联系。对后来者而言,语言、文化、政治体制相近的市场已经较难打入,他们可能会通过进入较为遥远的市场来开始其国际化经营进程。后来者由于在市场知识等方面不及竞争对手,同时也由于作为一个后来者难以挤进已有的网络,总体来说处于不利的地位。

(4)众里并存国际化企业。众里并存国际化企业在模型中处于"双高"状态,在一个在高度国际化经营环境中从事高度国际化经营企业。由于这类企业已经有了国际化经营的知识,他们通常可以为协调不同海外市场的经营活动而快速地建立销售子公司。融入者与众多的国际网络发生纵横交错的联系,这些国际网络可以为其提供获取外部资源的机会,融入者可以通过战略同盟、企业并购投机资本联合来扩大在网络中的影响力。

Chetty & Holm(2000)分析了商业网络在中小企业国际化进程中的作用。认为企业间的互动与合作将创造出新的商业机会,并获得经营经验,从而有效推进中小企业的国际化进程。Coviello & Munro(1997)通过研究中小软件开发企业的国际化案例,分析了企业商业网络在国际化不同发展阶段的作用。鲁桐、李朝明(2003)通过对 112 家温州民营企业的国际化行为的考察发现,商业网络在温州民营企业跨国经营中起到了重要的桥梁作用。

1.2.3 资源基础

学术界一般认为,资源基础论(Resourse Baseview)源于 Penrose(潘罗斯)1959 年出版的《企业成长论》。企业的成长就是逐渐积累知识以拓展其生产领域的过程(Penrose,1959)。[1] Wernerfelt(1984)发表了《企业资源基础论》一文,标志着资源基础理论的正式诞生;此后,Barney(1991)等人也为此做出了重要贡献。Prahalad 与 Gray Hamel(1990)在《哈佛商业评论》上发表的《公司核心能力》一文,将资源基础理论向工商实践方向推进了一大步,从而使得资源基础理论受到了广泛关注。[2]

Wolf(1977)在 Penrose 的研究基础上,首次从资源基础论的视角来考察跨国公司。他认为,对外直接投资和国内多元化都是利用企业未被充分使用的资源的成长选择,因此,国内扩张和国内多元化就有了共同的基础。[3]资源基础论的核心观点认为,企业盈利的根源在于其拥有稀缺资源,这种资源依附于企业的内在组织中,具有无形性和知识性,难以模仿(Wernerfelt,1984)。[4] 中小企业进入海外市场的能力与其累积的有形、无形资源储备有直接联系。而有着宝贵的不可模仿、不可替代的资源储备的企业比其竞争者更具优势,更易国际化经营(Bloodgood,1996)。[5]

Westhead(2001)的进一步研究指出,影响中小企业国际化经营的资源有四类,即:一般人力资源、企业应对突发事件的财务资源、企业主的管理能力以及企业主的资历与知识积累。实证研究发现,中小企业以往对外出口的经历是鼓励企业开展国际化经营的关键;企业拥有较多的资金与信息,企业主的年纪较大、拥有较为丰富的管理经验与行业特有知识,也会使得这些企业更有可能从事国际化经营。相比较而言,条件优越的成熟型企业不太

① Penrose,E. T. (1959). *The Theory of the Growth of the Firm*,Oxford:Basil Blackwell.

② 转引自赵优珍.中小企业国际化理论与实践研究.复旦大学博士论文,2003:60.

③ Wolf,B. M. (1977):Industrial Diverification and Internationalization:Some Empirical Evidence,*Journal of Industrial Economics*,2:77—91.

④ Wernerfelt,B. (1984):A Resource-based View of the Firm,*Strategic Management Journal*, 5:171—180.

⑤ Bloodgood J. M. , Sapienza H. J. & Almeida J. G. (1996):The Internationalization of New High Potential U. S. Ventures:Antecedents and Outcomes. *Entrepreneurship Theory and Practice*, 20(4):61—76.

热衷于国际化经营,而条件相对不太优越的成长型中小企业则急于寻找资源、扩大市场,因而更易于从事国际化经营。而一般人力资源、企业应对突发事件的财务资源与企业从事国际化经营的关系不太明显。然而,资源基础论并没有充分揭示中小企业从事国际化经营的根本原因,或者说它没有回答如何将中小企业的资源基础转化成国际化经营的核心能力。特别是在新经济条件下,中小企业如何通过战略性网络来整合其资源基础,从而开展国际化经营,成了问题的关键。①

1.2.4　技术创新

Czinkota(1982,1991)以及 Cavusgil(1980,1982)等研究将技术创新演进应用于企业国际化进程的分析。这些研究认为,企业跨国经营活动是两种机制合力作用的结果:一种是来自企业外部的"推动机制",包括市场结构变化、外部经营环境变化等因素;另一种是生于企业内部的"拉动机制",包括企业技术创新、制度创新以及所有权优势等因素。Czinkota(1982,1991)认为,企业内部的"拉动机制"是影响企业国际化进程的重要因素,这种机制决定着一家企业能否从国际经营的初始阶段,发展到更高阶段,比如以间接出口起步,跃升到更大范围的国际市场卷入阶段。Lindqvist(1991)的研究发现,新兴技术型企业的国际化进程比大型企业更快捷。Bonnaccorsi(1992)的研究也发现,技术型中小型企业在出口方面并没有因资源的缺乏而逊色于大型企业。

1.3　民营企业国际化的相关研究

中国关于企业国际化经营问题的学术研究,是受国际上对国际化经营研究的兴起以及我国改革开放的影响而开展的。关于企业国际化经营的研究成果集中在三个领域:一是中国企业参与国际竞争的宏观政策分析。早期的一些研究最具有代表性,如赵昆璧和李征(1991)、欧志伟和金芳(1992)等研究。二是应用国外国际化理论对中国企业进行实证研究。如鲁桐

---

① 王夏阳,陈宏辉.基于资源基础与网络能力的中小企业国际化研究.外国经济与管理,2002(6):23—28.

（1998a；2000b）、梁能（1995、1999）等学者在吸收国外的研究成果的基础上，结合中国企业实际，做了大量的实证研究。三是以民营企业为主体的研究。随着我国外经贸管理体制改革步伐加快，1999年开始民营企业可以获得进出口经营权，同时受我国"十五"期间提出的"走出去"政策的鼓舞，民营企业"走出去"步伐不断加快，随之国际化经营问题开始引起人们的关注，也出现了大量的研究成果。在民企国际化研究中，自然绕不开沿海小区域（温州、苏州、泉州等）民企国际化问题，例如王夏阳、陈宏辉（2002）、蔡宁、杨旭（2002）、任会中（2002）、李占祥、卢馨（2003）、鲁桐、李朝明（2003）、赵伟（2005，2007，2008）、谢建（2005）、刘志彪、张晔（2006）、朱允卫、黄祖辉（2006）、任晓（2006、2008）、齐宏伟（2007）、周朝霞（2008）、林俐（2004、2007、2008）等人的研究，他们对企业国际化模式、路径、过程等问题进行了多视角的探讨。此外，许多学者对我国民营企业国际化进行案例剖析，如郑克斌（2003），刘黄（2003），梁雄军、陈国强（2005），康荣平（2005、2006），赵伟（2007，2008），汪建成、毛蕴诗、邱楠（2008），侯吉刚、刘益、刘衡（2009），许晖、邹慧敏、王鸿义（2009）等人的研究，以我国典型民营企业如海尔、飞跃、格兰仕、万向、华为、东艺等国际化拓展为例，从国际化方式、动机、绩效、组织结构进行了多视角的探讨。

其中，鲁桐、李朝明采用问卷和实地调查方式对温州民营企业国际化经营的调研，在国内开创了国际化经营实证研究的先河。鲁桐、李朝明（2003）在《温州民营企业国际化》一文中，首先讨论了企业国际化的理论问题，在此基础上提出了中国企业国际化分析框架——企业国际化追赶模型。认为在中国企业国际化的发展过程中，内向国际化和外向国际化是两个相辅相成、互为影响的发展过程。随着我国经济体制改革的深入和对外开放政策的变化，中国企业国际化的内容、形式和程度都有明显的不同。在经验研究部分，作者对112家有海外经营业务的（温州）制造业公司进行问卷调查和部分企业的实地考察，从海外市场的选择与进入方式、跨国经营动机与竞争优势、企业海外经营中的困难和障碍以及发展趋势几个方面进行讨论。该文得出的基本结论是：中国中小企业的国际化发展仍遵循渐进发展的模式。中国企业在国际化过程中，学习、合作、创新始终是融为一体的，并成为中国企业国际化的关键因素。

此外，温州本土学者任晓（2006）《温州民营企业的国际化：一个观察样本》一文认为，从理论提出的背景来看，现有几乎所有的研究关注的是先进国有企业的国际化。事实上，温州民营企业国际化发展的缘起、路径、内容等诸多方面与既有的所谓主流企业国际化理论描述相去甚远。

以上研究为本书提供了很好的理论基础，但仍然存在有待完善的地方：

一是通过对文献资料的追踪和讨论可以看出,企业国际化理论构建主要是基于发达国家和地区的企业国际化实践,关注的是发达国家企业的国际化行为;二是国内研究大多还局限在理论上的探讨和分析,缺乏对典型地区民营企业样板的实证研究,尤其是对其在特定时期内全方位的历史考察研究。在当前经济全球化背景下,发展中国家的国际化经营步伐已经不断加快,而国际化环境已较过去发生巨大变化,那么,发展中国家企业的国际化经营是否存在自身模式呢? 这是一个亟待探讨的问题。

2 民营企业国际化进程演进模型

　　浙江是民营企业国际化起步较早，发展较好的省份。本章纵向考察1978—2010年浙江民营企业国际化的实践，通过对历史数据和实践的归纳与总结，对各个主要发展与演变阶段进行评价。初步研究表明，民营企业国际化经历了对外贸易、吸引外资到境外投资国际化程度不断提升的演变阶段，提出并描述了国际化进程演变的理论模型，从中得出相关启示性结论，并以该模型作为本书的分析框架。

2.1　问题的提出

　　企业国际化经营是指企业积极参与国际分工，由国内经营向全球经营发展的过程。在世界经济全球化向纵深发展的今天，任何企业的生存与发展都不可避免地要参与国际竞争。综观世界著名跨国公司，都经历了从小到大、由国内市场向国际市场发展的过程。企业国际化强调的是一个由低级向高级演进的过程，国内外传统理论将企业国际化过程分为渐进式、跳跃式两种形式，这些理论构建主要是基于发达国家和地区的企业国际化实践，关注的是发达国家企业的国际化行为；而国内研究大多还局限在理论上的探讨和分析，缺乏对典型地区民营企业样板的实证研究，尤其是对其在特定时期内全方位的历史考察研究。

　　近几年的《中国对外直接投资统计公报》无一例外地显示民营企业投资主体数量上升较快，而且七成的民营企业投资主体来自浙江与福建两省，说明以上两个省份民营企业国际化走在全国前列。民营企业从创办到境外投资，其间经历哪些环节？又是什么因素推动民营企业国际化？总结与梳理先行地区的国际化实践经验，从中提炼其理论意义与决策价值，对推进我国民营企业国际化具有积极的示范作用；同时，为人们在借鉴国内外相关理论验证中国企业国际化时提供一个典型的素材。

2.2 民营企业国际化：对外贸易到境外投资

上述关于国际化进程演进问题引起了我们浓厚的研究兴趣。我们在浙江工作近二十年，目睹和亲历了民营企业国际化经营的生动和丰富的实践，我们选择了浙江民营企业作为研究主体，是因为我们认为作为浙江经济的主导性微观主体，其国际化经营行为以市场为导向，国际化经营行为决策由企业内部决定，基本符合了市场经济的要求。本节尝试对浙江民营企业国际化经营行为进行纵向考察，通过对 1978—2010 年期间历史数据和实践的归纳与总结，对各个主要发展与演变阶段进行评价，以期从中寻找上述问题的答案。初步研究表明，浙江民营企业国际化经历了对外贸易、吸引外资到境外投资等国际化程度不断提升的演进阶段。

2.2.1 对外贸易：从地摊买卖到产品输出

2.2.1.1 地摊买卖

改革开放初期，浙江（尤以温州为典型）大力发展家庭工业（作坊），生产一些轻工"小商品"，通过摆设地摊的方式销售商品，满足了当地生产、生活需要。例如，20 世纪 70 年代中期就在 320 国道永嘉桥头地段的路边出现了许多小商小贩沿路摆摊，桥头纽扣市场也是在这种情况下逐步形成的。此外，义乌中国小商品城的前身，是由当地农民和个体工商户自发"集贸"而形成的义乌小商品市场。20 世纪 80 年代初，他们在马路两侧设摊经营，很快形成了"马路市场"。

2.2.1.2 专业市场

而到了 20 世纪 80 年代中期，家庭工业得到继续发展，出现了专业市场。

专业市场的兴起与发展,一方面依托具有区域特色的产业;另一方面,得益于当地政府为市场发展而营造的良好政策环境。当时温州情况非常典型。1986年初春,费孝通到温州考察,在其《温州行》中写道:"温州变化的基本经验是什么?有的同志总结了两条:一是在生产领域发展了家庭工业,二是在流通领域开辟了专业市场"。何荣飞于1989年出版的《温州民间市场考察》专门考察并记载了温州十大专业市场:在众多的温州农村商品市场中,1985年以前,人们公认的十大商品市场,是永嘉县桥头纽扣市场,乐清县柳市五金电器市场,乐清虹桥农贸市场,瑞安塘下塑料拉线、编织袋市场,瑞安仙降塑革鞋市场,平阳萧江编织袋市场,平阳水头兔毛市场,苍南宜山再生腈纶市场,苍南钱库综合商品市场,苍南金乡小商品市场。综观温州的商品市场情况,真可谓气势磅礴、色彩斑斓,完全可以用下面七个字来概括:多、高、广、细、廉、大、快。

进入20世纪90年代后,浙江省各地根据发展商品经济的需要,建设了一批规模较大、辐射力较强的专业批发市场。至2001年,全省有商品交易市场4278个,年成交额4652亿元,连续11年名列全国第一。不少专业市场在全国享有极高的知名度,如义乌中国小商品城和绍兴中国轻纺城分别以年成交额212亿元、207.5亿元居年度全国市场成交额榜首和第二名[1]。纵观省内专业市场发展历程,大多市场都有一个兴起、发展与转型的过程,其间一些市场因环境变化而终结,而一些市场因环境变化而不断转型、升级。

2.2.1.3 自营出口

20世纪90年代初浙江民营企业的市场空间开始逐步由国内向国外扩张。此时我国外贸经营管理体制规定,民营企业并不具备外贸经营权,只有采取间接出口方式进入国际市场,先后采取代理出口和挂靠出口两种形式。挂靠出口的方式起源于温州。1995年温州市政府颁布了温政发(1995)19号文件,允许国有专业外贸公司(母体公司)授权具备潜在客户、资金实力、业务人员的企业(挂靠企业)以其名义开展对外贸易活动,而挂靠企业要支付其相应的经营费。实际上是挂靠企业"信用"了国有专业外贸公司的"外贸经营权",与外商签证并履行合同,成为母体公司的一个"部门(Department)"。这种形式在民间被称之为"挂靠出口"。截至2000年6月,温州126家企业以13家国有专业外贸公司的名义办理进出口业务,2000年1—6月,出口1.5亿美元,占母体公司出口额的64.12%,占全市出口额的22.89%。[2]

---

① 浙江非国有经济年鉴(2002):105.
② 章定强,管向阳.外贸挂靠经营是温州企业走向世界的通道.温州论坛,2000(5).

1999 年对于民营企业的国际市场经营是个转折点,因为外经贸部 1998 年发布的《关于赋予私营生产企业和科研院所自由进出口权的暂行规定》规定:自 1999 年 1 月 1 日开始,赋予民营企业在全国范围内获得合法直接从事对外贸易的权利。1999—2001 年,浙江民营企业出口迅速增长,出口比重由 12.35% 上升到 24.01%,几乎提高近一倍[1]。2001 年浙江省民营企业自营出口 55.18 亿美元,同比增长 62.19%。2001 年浙江省各市获得进出口权的企业不断增多,尤其是中小企业发达地区如杭州、宁波、温州、台州等地,例如,截至 2001 年累计拥有进出口权的民营企业分别达到 381 家、471 家、536 家、541 家,其中 2001 年是以上四个地区新增进出口权企业较多的一年,如该年温州就新增了 213 家。[2]

此外,2000 年 1 月 1 日、2001 年 7 月 1 日和 2003 年 9 月 1 日,我国又先后三次放开私营企业对外贸易方面的限制,并最终于 2004 年 6 月出台了《对外贸易经营者备案登记办法》,于 2004 年 7 月 1 日起,取消对所有外贸经营主体外贸经营权的审批,改为备案登记制。2004 年浙江民营企业出口 238.39 亿美元,出口比重上升至 41%,而后呈逐年上升趋势,至 2008 年该比重达到 51.71%(见图 2-1)。

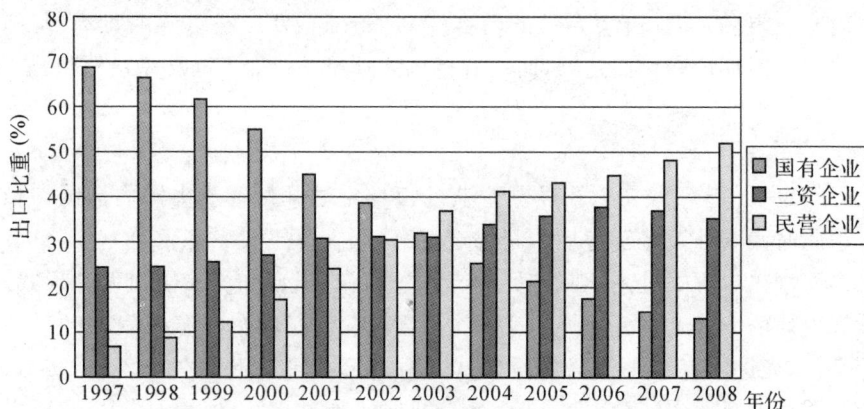

图 2-1　1997—2008 年浙江省三类企业出口比重比较

资料来源:根据浙江省统计年鉴(1998—2009 年)计算而得。

与此同时,随着民营企业开拓国际市场的热情高涨,专业市场也从满足国内市场需求向国际市场需求转型。根据资料显示,截至 2001 年,浙江省多个专业市场都有一定比重的"外销"(见表 2-1)。

---

[1]　根据浙江统计年鉴(2000—2002)提供的数据计算而得.
[2]　作者根据浙江非国有经济年鉴(2002)提供的资料整理而得.

表 2-1　2001 年浙江省专业市场的外销情况

市场名称	创办时间	主营商品	市场成交额（亿元）	贸易国别或出口交货值（亿元）	开拓国际市场途径	扶持政策
海宁中国皮革城	1994	皮革服装	39.06	—	组建外贸公司等	中国皮都
诸暨珍珠市场	1985	珍珠及制品	10	产品销往美国、西欧、中东、东南亚等30个国家及地区	举办中国珍珠节，扩大知名度	中国珍珠之乡
浙江大唐袜业城	1991	袜业及相关轻纺原材料	60	产品销往俄罗斯、东南亚、非洲等国家及地区	袜业与轻纺市场整合	中国袜业之乡
嵊州中国领带城	1992	领带及相关产品	60	12	建立商务网站	中国领带城
义乌中国小商品城	1982	10000 多种品牌优质小商品	211	全球五大洲 180 多个国家与地区，10 个国家与地区在此设立采购点	直接出口、边贸、转口贸易	中国小商品城集团股份有限公司

资料来源：作者根据《浙江非国有经济年鉴》(2002)提供的资料整理而得。

——代表该数据不详。

2.2.2　吸引外资：从侨商侨资到"民外合资"

2.2.2.1　侨商侨资

浙江省作为沿海开放省份，根据笔者考察，1979—2003 年外资主要来自于海外侨商回乡投资与部分本土企业境外的"迂回投资"（统称为"侨资"），真正引进的"洋人"资本却很少。经测算，1979—2003 年浙江实际引进外资累计 221.73 亿美元。纵向考察近 30 年的引进外资的实践，从实际利用外资规模变化看，浙江引进外资大致经历了起步阶段（1979—1984）、发展阶段（1985—1992）、平稳增长阶段（1993—2003）。多年来外资相对本土投资可以说是微乎其微，而引进外资这项指标一直在全国排名居后。受中国"入世"利好刺激与开放政策的进一步深化，浙江省引进外资有了较大突破，2001 年首次突破 20 亿美元，达到 21.91 亿美元，而后逐年有所增长，2002年、2003 分别达到 33.54 亿美元、54.57 亿美元（见表 2-2）。

表 2-2　1979—2003 年浙江省实际利用外资情况(单位:万美元)

年份	实际利用外资	年份	实际利用外资	年份	实际利用外资
1979—1983	181	1990	4844	1997	150345
1984	252	1991	9162	1998	131802
1985	1634	1992	29398	1999	123472
1986	1853	1993	103271	2000	158318
1987	2337	1994	114449	2001	219062
1988	2957	1995	125775	2002	335351
1989	5181	1996	152021	2003	545675

数据来源:根据历年浙江统计年鉴数据整理。

2.2.2.2　民外合资

2004 年浙江省因势利导,发挥民营经济优势,适时地提出"民外合资"发展战略,实现吸引外资的突破,连续逐年呈上升趋势。2004—2007 年实际利用外资规模大幅提高,累计实际利用外资 336.63 亿美元,约占 1979—2007 年全部利用外资的 60%。从分类数据看 2007 年 1—10 月份,浙江"民外合资"企业 858 家,投资总额 105.41 亿美元,合同外资 36.85 亿美元,分别占全部合资企业的 98.4%、91.8%和 93.8%,分别占全省总数的 36.8%、39.0%和 24.8%(见表 2-3)。

表 2-3　2004—2007 年浙江省"以民引外"项目

年份	项目(个)	投资总额(亿美元)	合同外资(亿美元)
2004	1011	54.2	17.1
2005	1448	120.3	39.3
2006	1546	145.2	49.6
2007.1—10	858	105.41	36.85

资料来源:2004—2006 年,根据历年浙江统计年鉴数据整理;2007.1—10:今年以来浙江"以民引外"质量进一步提升,http://wjmj.gongshu.gov.cn/news/event/13/20071126102111.html

民营企业从各自的实际出发,通过多种方式与国际著名企业进行对接,主要归纳为以下六种:

(1)整体合并。中方将原有企业全部资产整体转入合资企业。浙江夏梦与意大利杰尼亚(全球著名男装品牌企业)合资,各占 50%的股权,夏梦将全部资产转入合资企业,外方以现金注入,是迄今为止温州民企与国际品牌最全面、最深入的一次合作。

（2）联合品牌。中外双方成立的合资企业使用双方品牌的"联合体"——联合品牌。正泰集团与世界电器业巨头通用公司合资后，产品打"通用·正泰"商标，依托通用公司国际品牌效应，壮大自有品牌，市场占有率进一步提升。奥康与意大利 GEOX 合作，共享营销网络，借力打造品牌。其他案例还有荏原·嘉利特等。

（3）设立研发中心。中方企业以引进外方技术为本土企业服务为目的成立研发中心。温州哈杉鞋业在收购了意大利著名鞋企威尔逊公司 90% 股份后，接纳了威尔逊公司拥有的设计师和工程管理技术人员，并与威尔逊公司合资在国内设立哈杉威尔逊鞋类研发中心。其他案例：康奈也与英国 SATRA（沙雀）技术研究中心合作，投资 1000 万元设立符合国际标准的鞋类设计研发中心。

（4）引进技术。中方以引进外方核心技术为目的而成立合资企业。浙江嘉利特公司泵业与日本荏原制作所合资后，从一个家族企业跨进国际化、正规化、现代化企业行列，成为国内最大的石化泵领军企业。先后引进日方高级专业技术人才 20 多人，研发出具有国际先进水平的产品（国内最大的 60 万吨乙烯急冷水泵），填补国内空白。浙江人可工贸有限公司与瑞士世界顶级钢笔生产企业凯兰蒂合资设立制笔企业，作为一个高附加值、高科技、高精度、高环保的企业，它的引进将会提升"中国制笔之都"的产业层次。

（5）整体对接。发挥产业整体优势与国外产业对接。浙江三帆明胶厂和世界明胶业巨头法国"罗赛洛"正式合资运营后，产量、销售额翻番，合资次年该公司的实际销售收入达到 1.3 亿元，上缴税款 865 万元，生产的明胶产品销售价格从以前每吨 2.1 万元提高到 4.5 万元，而且供不应求。受"罗赛洛"影响，周边明胶企业纷纷把目光投向了国外同行业中的知名企业，相继与德国嘉利达公司、比利时 PB 公司合作，世界明胶业三大巨头"会师"，浙江成为世界最大的明胶业生产基地。

（6）产业配套。外方因与中方企业的长期合作需求，为中方提供产业配套。华峰集团为原料供应商日本聚氨酯工业株式会社（NPU）当红娘，引日本强企落户瑞安，成立日邦聚氨酯（瑞安）有限公司，专业生产 MDI（是聚氨酯行业里的一个主要的原料），成为华峰集团的配套企业。华峰集团（国内规模最大的聚氨酯系列产品生产企业）是 NPU 主要的紧密合作伙伴，合作已超过 10 年，华峰集团对 MDI 的年需求量超过 2 万吨（见表 2-4）。

表 2-4　民外合资的主要实现模式

序号	模式	特点	典型案例
1	整体合并	中方将原有企业全部资产整体转入合资企业	夏梦与杰尼亚
2	联合品牌	中外双方成立的合资企业使用双方品牌的"联合体"——联合品牌	通用·正泰；荏原·嘉利特
3	研发中心	中方企业以引进外方技术为本土企业服务为目的成立研发中心	哈杉·威尔逊；康奈与英国SATRA（总部）
4	引进技术	中方以引进外方核心技术为目的而成立合资企业	嘉利特与日本荏原；人可与凯兰蒂
5	整体对接	发挥产业整体优势与国外产业对接	明胶产业
6	产业配套	外方因与中方企业的长期合作需求，为中方提供产业配套	华峰与日本聚氨酯工业株式会社

资料来源：作者根据调研整理。

2.2.3　境外投资：从境外商城到跨国经营

2.2.3.1　境外商城

经过多年的产品出口，大多数浙江民营企业虽然在价值链中端（制造生产环节）积累了大量优势，但仍然无法摆脱"低价格、大销量"外贸盈利模式。直接抓住海外商机从而构建海外营销网络显得十分迫切。此时，浙江省许多具有实力的企业积极到境外兴办有实业、建立营销网络与研发中心等。在众多的境外营销机构中，境外商城无疑是一种较为便捷而有效的方式。浙江省各地利用国内办专业市场的经验，开始在境外兴办专业市场。1998年11月浙江中华商城有限公司独资创办了巴西中华商城（2003年4月1日，主办单位专文上报当地外经贸主管部门，要求注销该商城），是浙江在南美的第一个对外经贸窗口，也是全国首家境外商城。几年来，商城带来的社会效益显而易见：试营业时从国内招商过去的首批经营户120多人，当时大多已经开办了进出口公司，独立经营，在巴西立稳了脚跟；同时，在当地商城的影响和带动下，越来越多的南美华侨开始尝试与国内企业开展进出口业务。1999年浙江又先后投资兴建了俄罗斯的"海宁城"、南非的"中华门"、尼日利亚的"中华商业中心"、匈牙利的"中国商城"等。根据资料显示，2001年全省就有100万人在国外，赚外国人的钱，累计创办各类产销组织达700多个。

此外，一些浙江民营企业开始在国外设立办事处和营销网点，开始了营销全球化的探索。2001 年浙江宁波利时塑胶有限公司开始在美国、中国香港及巴西设立办事处,产品销往美国、欧洲、南非、中东等 60 个国家与地区;2001 年浙江丰岛物产有限公司(绍兴)投资 2100 万日元在日本设立营销公司。

2.2.3.2 海外工厂

境外商城尽管在带动本土产品出口方面起到很好的"载体"作用,但仍遇到诸如融入当地市场、规范经营以及贸易壁垒等经营问题。在此背景下,一些企业开始思考在境外设立工厂,既可以充分利用当地资源,也可以绕开贸易壁垒。主要有并购或绿地投资两种方式。最早的民营企业境外投资可追溯到 1991 年,该年 8 月浙江温州商人叶康松在美国洛杉矶设立"美国康龙农业开发有限公司",这是新中国成立后在国外开办的我国第一家私营股份合作企业。此后,民营企业或自发探索或在政府"两个推动"下开展了多种形式的境外投资活动。[①] 1999—2003 年浙江民营企业对外直接投资增长迅速,在境外近 70 个国家设立了 516 家企业,占全省历年(含 1999 年以前,下同)境外企业总数的 37.3%,占同期新增境外企业总数的 60.2%,民营资本投资达 13717 万美元,占全省历年中方投资的 30.8%。"十一五"期间,浙江经核准的境外投资企业和机构共 2377 家,总投资额累计 73.35 亿美元。截至 2010 年底,浙江经审批和核准的境外企业和机构共计 4564 家,累计境外投资总额 83.6 亿美元,累计中方投资额 71.8 亿美元。(见表 2-5)

表 2-5　2006—2010 年浙江省境外投资基本数据表

（单位:亿美元）

	2006	2007	2008	2009	2010
项目数(个)	425	420	427	475	630
总投资额	3.9	6.62	9.20	13.41	40.20
中方核准投资额	3.0	6.06	8.61	12.35	33.60
增速(%)	——	101.7	42.0	43.4	172.1

资料来源:浙江省外经贸综合运行监测分析(2006—2010)。

此时,浙江企业境外投资亮点纷呈,典型不断涌现。例如,万向集团在 1997—2005 年间,先后收购了舍勒公司、UAI 公司、RockFord 等近 30 家欧美企业,万向集团的收购多属于纵向收购,收购对象多属于原海外中间商或

[①] 上个世纪 90 年代末,浙江省外经贸厅提出了"两个推动"战略。所谓"两个推动",即推动优势制造业走出去,开展境外加工贸易;推动商品专业市场到境外设立分市场,开展跨国营销。

OEM 委托商等。其中 2001 年万向集团成功收购美国 UAI 上市公司 21％的股份,开创了中国民营企业收购海外上市公司之先河,实现了跨国界的市场融通、技术共享和优势互补。[①] 根据《2007 年度中国对外直接投资统计公报》显示,近几年民营企业投资主体数量上升较快,而且七成的民营企业投资主体来自浙江与福建两省。2008 年以来,在全球金融危机背景下,许多企业不失时机地加快了境外并购的步伐,以较低价格收购了许多海外品牌企业。2004 年就在尼日利亚办厂与成功收购意大利著名制鞋企业威尔逊公司的哈杉鞋业,2008 年以低价接收了意大利中部一家倒闭鞋厂的客户与设计师,使其在意大利的客户翻了一番。

2.2.3.3 跨国经营

民营企业在境外设立生产基地或工厂后,随即要考虑海外企业的管理问题,关系到海外企业是否顺利运行。从调研资料看,一些境外企业运行良好。例如,在万向收购的海外企业中并没有发生严重的文化、管理等方面的冲突,管理团队及员工士气保持稳定。这种良好局面与万向收购的海外企业多是其原先在海外市场的中间商或是 OEM 委托商有重要关系。在跨国并购之前,万向集团已经把文化差异、管理冲突等问题基本解决了。但也有一些海外企业出现了一些管理问题,尤其是绿地投资新建的企业,因为不熟悉当地的文化、制度等,较容易陷入管理困境。由此,许多企业对原有母公司管理模式进行本土化改造,已经产生积极的效果。

2004 年哈杉鞋业在在尼日利亚投资创办了哈杉(尼日利亚)大西洋公司,是哈杉在海外创办的第一个生产基地,专门生产"哈杉"品牌的鞋子。海外企业在创办之初,也遇到过管理冲突的问题:由于文化差异,当地工人不服中方管理。之后,海外企业对原有管理模式进行改造,实施了本土化的管理模式。几年之后,海外企业为尼日利亚当地解决了近千人的就业问题并在当地员工中培养管理干部、技术骨干 300 多名;无偿帮助当地制鞋企业解决冷粘技术工艺,培养当地供应商、经销商数百人;向当地纳税近 800 万美元等,这些使哈杉在当地受到欢迎和尊重,并列为友好合作的典范企业。该海外企业生产的"HAZAN"皮鞋成为政府公务员的首选,在非洲主流市场占据了主导地位。2008 年 6 月全国工商联在温州地区仅甄选哈杉和飞雕两家企业,作为民营企业"走出去"的成功范例,并将其做法、经验向全国推广。

---

① 万向集团公司国际市场的拓展.中国国汽车市场年鉴,2002.

2.2.4 模型的提出与描述

通过上述对 1978—2008 年浙江民营企业国际化实践的纵向考察可以初步得出结论:民营企业国际化经历了三个既相互联系又相互递进阶段,我们把这个结论进一步定义为"民营企业国际化进程演进模型"(见图 2-3)。本书以两个维度来确定民营企业国际化进程演进,一是国际化进程(Process of Internationalization,POI);二是国际化程度(Degree of Internationalization,DOI)。该模型包含两层含义:一是民营企业国际化进程经历了从对外贸易、吸引外资、境外投资三个由低到高的演进阶段;二是企业国际化程度随着上述三个阶段的渐进式演变得到不断提升。具体如下:

(1)国际化进程:"三阶段"演进轨迹。图 2-3 横轴代表国际化进程,可以看出,民营企业国际化经历了对外贸易、吸引外资到境外投资。对外贸易涵盖了地摊买卖、专业市场、产品出口三个不同时期,吸引外资经历了从侨商侨资到"民外合资",出现了整体合并、品牌联合、研发中心、整体对接等多种引资模式,而境外投资则采取境外商城、营销网络、研发机构、海外设厂等形式。

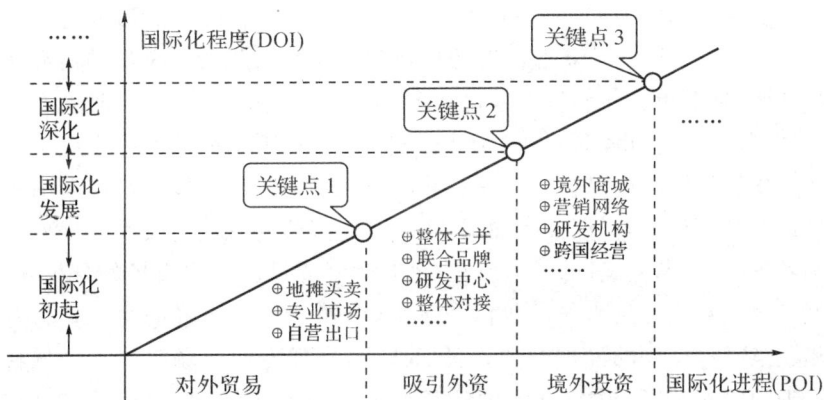

图 2-3 民营企业国际化进程演进模型

(2)国际化程度:国际化从初起到深化。图 2-3 纵轴代表国际化程度,表示国际化进程演进的结果。可以看出,随着国际化进程不断推进,企业市场国际化程度也在不断提升,经历了国际市场开端、国际市场拓展及国际市场深化等逐渐提升的时期,国际化的最后结果是通过国际分工从而嵌入全球价值链,提升企业全球竞争力。由此,国际化进程演变过程相应地出现了三个关键点,每个阶段的渐次演进都需要成功地突破相应的关键点。那么,推动民营企业国际化进程演变关键点的突破因素是什么?下文将重点阐述之。

2.3 推动民营企业国际化进程因素分析

从上文对民营企业国际化进程演变的总结与梳理可以看出,民营企业经历了原生态的地摊买卖到国际性的跨国经营。接下来我们要寻找各个演变阶段的关键点及其推动力量。从初步研究看,发展演进过程中依次发现三个关键点,以下尝试从内部动力与外部推力两个方面来研究其突破因素。

2.3.1 产业集群与政策引导

民营企业在从事国内市场经营的过程中,完成从地摊买卖到专业市场的转变,实际上是一种销售组织形态的转型,而产业集群与政策引导则是推动这种转变的关键要素。

浙江省各地的"地摊市场"或"马路市场"是特定历史的市场形态,尔后成为专业市场的"萌芽"。大量的研究文献表明,专业市场的形成与当地产业集群(企业群落或"块状经济")的形成与发展息息相关。早期的研究文献普遍认为,专业市场与农村工业化共生,是大量乡镇企业和个体私营企业在计划体制之外扩大市场范围的销售渠道,这里提到的农村工业化后来成为了产业集群最原始的基础。后来的大量研究文献则表明,专业市场的进一步发展与产业集群有着"共生"的关系。产业集群的形成与发展是以专业市场为特征的"义乌模式"的活力所在;也有学者通过对台州市场的分析发现,相对于大多数消费品市场的停滞与下滑,依赖于产业集群的生产资料专业市场仍然具有很好的发展趋势。我们认为,全省专业市场以富有区域特色的产业集群为依托,并与当地的特色产业形成互动发展。根据资料统计,2001年浙江年产值10亿元到50亿元的产业集群91个,50亿元到100亿元的13个,年产值100亿元以上的4个。[①] 这些产业集群都为专业市场的形成、发展与提升提供了坚实的产业基础。

同时,政府的有效支持和引导为浙江专业市场兴起、发展与不断提升提供了良好政策环境。义乌中国小商品城建设具有典型意义。其前身是当地农民和个体工商户自发"集贸"而形成的义乌小商品市场。20世纪80年代

---

① 李永刚.浙江民营企业的群落式衍生扩张[J],中共杭州市委党校学报,2001(5).

初,他们在马路两侧设摊经营,很快形成了"马路市场"。对此,义乌市政府本着尊重群众的首创精神,并从舆论、场地、资金等方面给以扶持,使小商品市场逐步从"有市无场的马路市场"向着"有市有场"、从"小打小闹的小市场"向着"大市大场"演进,最后发展成为名誉中外的"中国小商品城"。义乌小商品市场的每一个发展阶段,都离不开政府对市场的支持,这包括两个方面:首先,对市场主体利益的保护。其次,政府的行为是以整个市场制度对义乌经济发展的积极影响为目标函数的。

2.3.2 企业家精神与经营权下放

在经历了专业市场的国内经营后,浙江民营企业开始逐渐进入国际市场,而这一阶段的成功演变则应归功于企业家精神与经营权下放这两个关键因素。

浙江属于企业家人力资本丰裕型地区,民营企业家的"自强不息、坚忍不拔、勇于创新、讲求实效"已经形成了独特的"浙江精神"。尤其是,民营企业家具有敢于创新、有时候甚至被称为冒险的精神。首先,这种精神使他们较早地萌发国际化意识并敢于创新"走出去"方式。宁波方太集团董事长茅理翔、台州飞跃集团董事长邱继宝,上个世纪80年代初连广交会的门都不让进,他们却通过在广交会展馆外摆地摊让外商看上他们的产品;温州鞋业也是"创新"不断:温州哈杉鞋业董事长王建平1998年进入俄罗斯的过程可以说十分曲折与惊险:货物曾多次经历扣查没收、管理人员遭到人身安全威胁等,这些都没有使王建平却步,最终成功进入俄罗斯市场;康奈鞋业董事长郑秀康2001年敢于在法国巴黎开第一家国外专卖店(也是我国首家鞋类国外专卖店);其次,民间力量推动地方政府"政策创新"。

1999年对于民营企业进入国际市场是个历史转折点。1999年以来,国家颁布一系列放宽企业自营进出口权的政策从而给企业进入国际市场降低了"准入门槛"。1999年1月1日、2000年1月1日、2001年7月1日和2003年9月1日,先后四次放开私营企业对外贸易方面的限制,并最终于2004年6月出台了《对外贸易经营者备案登记办法》,于2004年7月1日起,取消对所有外贸经营主体外贸经营权的审批,改为备案登记制。早在2001年浙江省委、省政府采取多种措施扶持商品市场的发展。其中对到境外拓展市场,在提供信息、信贷、人员出入境等方面给予支持,这为其后顺利与国际市场接轨起到很好的引导与扶持作用;为支持各地中小企业开拓国际市场,2003年9月出台了《浙江省中小企业国际市场开拓资金项目申报审核暂行办法》等。

2.3.3 "以民引外"战略与民外合璧

2004 年上半年,受国家宏观调控政策和资源短缺等因素影响,浙江引进外资额虽持续增长,但增幅出现较大幅度下滑。在此背景下,浙江省政府在 2004 年 7 月召开了全省经济技术开发区工作座谈会,研究开发区发展中面临的种种难题,通过经验交流,指出民营企业正首次成为招商引资一大亮点,并提出了六大举措提高开发区的投资吸引力。其中,就有"创新引资主体,促进民企引进外资"的提法。在资源紧缺的情况下,"以民引外"开始成为浙江利用外资新的突破点。2006 年 1 月 18 日在浙江省十届人大四次会议上通过的《浙江省国民经济和社会发展第十一个五年(2006—2010 年)规划纲要》中指出:"要积极引导外资投向,提高利用外资水平,……创新招商引资方式。继续推进'以民引外'、'以外引外'、跨国并购、海外上市,推动招商引资向招商选资转变"。"以民引外"内涵可以概括为:发挥广大民营企业的作用,通过民营企业与境外投资者合资合作、境外上市、境外并购、股权置换、引荐境外投资者来投资等形式来吸引外资的一种方式。

浙江作为中国经济发达地区之一,吸引了众多外商的目光,但是尽管有意投资浙江省的外资项目不少,却由于土地供给严重不足、电力紧张等原因,真正能做到"落地生根"的项目并不多。而"以民引外",通过民企引进外资,重新整合、利用民企的闲置厂房、土地资源,是浙江提高土地资源利用率,吸引外资的有效途径。另外,由于浙江民企中小企业较多,融资相对较难,而在银行银根收紧的背景下,民企也需要引进外资缓解资金压力。所以,把民企推向招商引资的前沿,是浙江持续利用外资、推动民营经济新飞跃、优化经济结构的长远之举。浙江要想保持利用外资的持续竞争力,就必须发挥浙江民营经济的发展优势,靠民企力量吸引外资。浙江民营经济虽然起步早、发展快、竞争力强,但要实现质的飞跃,也需要抓住国际产业转移和资本流动加快的机遇,借助外资力量,引进先进技术、管理经验、市场机制和高素质国际化人才,以此提升产业层次,打造先进制造业基地。而民企的不断壮大,产品、市场的不断成熟和稳固,也吸引境外企业与民企合资合作,这是一个双赢的举措。

2.3.4 价值链延伸与浙商网

进入国际市场后,浙江民营企业开始着手海外营销网络的构建,实现从产品出口到创建境外商城的演变。价值链延伸与浙商网成为该阶段演变的关键突破点。

经过多年的对外贸易,大多数浙江民营企业在价值链的中游(也就是制造生产环节)积累的大量优势,全省各地都形成了大大小小的产业集群,外贸盈利模式是"低价格、大销量"。如何摆脱这种模式,使产品更快捷地进入国际市场,如何将价值链向前端、后端延伸从而提高产品附加值,就成为企业在这个阶段重点思考的问题。在这种动因的推动下,民营企业率先在海外办起了商城、创建营销机构,更快更直接地捕捉海外商机。一方面,境外营销机构有力地带动本土产品进入国际市场,另一方面,境外营销机构收集海外市场需求动向并反馈给本土企业,促进了本土企业的研发并推出新产品。

从历史的角度看,浙江很早就出现提倡"功利"、"重商"的思想。因此,浙江商人海外经商历史十分悠久,并已形成拥有丰富社会资本的海外浙商网络。2001 年全省就有 100 万人在国外,累计创办各类产销组织达 700 多个。以温州为例,截至 2002 年底,海外温州人和港澳温籍同胞总人数已接近 40 万,其中 30 万人是在改革开放之后走出国门的,分布在世界五大洲 87 个国家和地区(见表 2-6),经过多年的海外发展,他们拥有大量的社会资源,由此编织了庞大的海外温商网,最初是通过海外订单带动本土产品出口,尔后发展到参与到境外商城建设、境外投资、跨国以及地区间交流合作等更高层次的国际化行动中。尤其是境外商城建设,其投资主体及运作主要是境外华人或中资企业,他们既了解当地的市场行情,也知道如何与当地政府打交道,更容易获得当地政府的支持,有利于日后商城的正常运行。

表 2-6　海外温州人及港澳温籍同胞分布情况　　　(单位:人)

法国	10 万	西班牙	2 万
美国	10 万	新加坡	1.5 万
意大利	8 万	港澳地区	2 万
荷兰	3.5 万	其他国家和地区	约 3 万

资料来源:汤琰琰.海外乡亲文成人最多.温州都市报,2003-4-8(1).

2.3.5　经验知识与"走出去"战略

在前述国际化实践的基础上,浙江民营企业开始以寻求当地资源与市场为目的,实现从境外商城到境外设立工厂的演变。而实现这一阶段演变的关键突破点在于经验知识的积累和"走出去"战略的政策支持。

市场知识中的经验知识对于企业的海外经营起着关键作用。经验知识是从书本上学不到的知识,通过实践才能更好地获知。经过以上几个阶段的国际化经营活动,民营企业从中或多或少积累了一定的国际化经验,为其从事更高层次的国际化活动提供了条件。浙江企业较早就开始自发性国际化探索,已经经历不同阶段的国际化经营,无疑已积累大量的国际化经验。例如,哈杉鞋业1998年开始布局俄罗斯市场,尔后在多个国家设立营销机构,直到2004年在尼日利亚设立工厂,其间经历十分恶劣的俄罗斯法制环境、货物多次经历扣查没收的曲折与惊险的事件,这些都为其积累大量的国际化经验。2004年初,当尼日利亚政府对中国男鞋实行进口禁令时,哈杉高层很快便决定在尼日利亚投资设厂(此时,很多中国男鞋销售商正纷纷撤离尼日利亚),大胆果断的投资决策,是因为哈杉有着十分丰富的国际化经验。

同时,2000年初国家提出实施"走出去"战略、积极鼓励和支持有条件的各类所有制企业"走出去",开展各种形式的经济合作,在全球范围内优化配置资源,开展跨国生产与经营。此外,党的十七大报告中第五章第八节着重强调"拓展对外开放广度和深度,提高开放型经济水平",并明确指出"要创新对外投资和合作方式,支持企业在研发、生产、销售等方面开展国际化经营,加快培育我国的跨国公司"。

比国家实施"走出去"战略还要早一些,浙江省立足制造业、专业市场的优势,就提出了"两个推动"战略,这是从浙江经济结构的实际出发,提出的最具浙江特色的举措之一。尔后,浙江省为支持和鼓励企业赴境外投资,参与国际竞争和国际经济合作,规范企业到境外设立企业和机构的审批和管理,2003年7月又出台了《浙江省设立境外企业与机构审批管理办法》,随即浙江省各地市政府也相应出台地方性政策。

2.3.6 管理冲突与管理本土化

从海外工厂或子公司的创办到正常经营并实现预期目标,还需要经历一个艰难的过程。从浙江民营企业国际化经营的这一阶段演变来看,管理冲突和管理本土化是其中重要的突破点。

民营企业在海外创办工厂或子公司,其最终目标是创建正常运行的跨国公司,并为母公司带来预期投资效益。海外企业的正常运行依赖于有效的管理。一开始,很多企业自然而然地将母公司的管理模式"复制"到海外,但在海外企业行不通,遇到了与东道国制度、文化差异等冲突。课题组在调研中得知,一个非常典型的例子,由于中外两国的文化、管理方法、教育等不同,在中国劳动密集型企业基本都实行的计件工资制度,在一些基督教文化背景的国家就行不通,从而导致当地工人不服管理等冲突。然而,我国民营企业"走出去"实践还很短,几乎没有直接的现成的经验可以借鉴。一个非常现实的问题就摆在管理者面前:如何将原有管理模式进行本土化改造,使之适应海外企业的管理需要。

对于海外并购企业,管理本土化应尽可能保持所收购企业的相对独立性,保留并继续使用原管理团队,而不急于从文化、管理、制度等方面进行整合,万向集团在这方面就做得很好。此外,2005年冠盛在美国南卡罗莱纳州收购一家小规模汽车零配件翻新厂,拥有70%的股权。其管理本土化的做法是,原企业的老板留任首席运营官(COO),主抓生产;原来员工基本留在原有岗位上,新工厂成立时,全体人员107人,其中白人和美国墨西哥人占了大部分。

对于绿地投资创建的海外企业,管理模式本土化的任务更为艰巨。有三种方法可供选择:一是启用当地有经验的管理人员,他们对当地情况的熟悉是其他人所无法比拟的,因此能够较快地驾驭企业运行;二是为当地提供产业技术,哈杉鞋业在尼日利亚设立工厂后,为当地无偿转让鞋业冷粘技术(温州鞋业最高的技术)胶水工艺配方,还派出技术人员去当地指导,旨在若干年后在当地打造出一条完整的制鞋产业链,促进当地产业发展;三是融入当地,造福当地,为当地解决就业,并培养管理干部、技术骨干,向当地依法纳税等履行社会责任,树立海外企业在当地的信誉度与美誉度等。

2.4 结论与启示

通过对浙江民营企业国际化实践的回顾与评价,本章总结并归纳了其国际化的演变进程,不仅展示了丰富生动的民营企业国际化画面,而且体现了民营经济发展的开放性,即市场的开放性、竞争的开放性以及资源的开放性。至此,可以得出以下三个结论与启示:

2.4.1 企业内向与外向国际化有机融合

以往研究普遍认为,企业国际化进程或路径,更多的是考察企业外向国际化,无论是渐进论还是跳跃论都无一例外地立足于外向国际化视角。但在实践中,内向国际化(即吸引外资)也是国际化的一种形式,尤其是"引进来"被作为当今世界上发展中国家与地区对外开放重要战略的时候,企业作为引进外资的微观主体,内向国际化已经普遍存在①。该模型在考察企业国际化进程时将内向与外向国际化有机融合在一条主线上,不仅基于浙江民营企业的实践基础,而且也是对以往关于国际化进程研究的一大补充。

2.4.2 企业主体与渐进性国际化

上述研究说明企业作为微观经济主体,是国际化的主体。民营企业国际化行为以市场为导向,经营决策由企业自身决定,符合市场经济的要求,也只有使企业成为国际化的自主主体,其国际化才能走得更顺、更远,才能使企业国际化与民营经济发展产生良好的互动。同时,企业国际化总体上经历从地摊买卖、专业市场、境外商城、境外投资与跨国经营等循序渐进的演进轨迹,表现为从国内到国外、从低级到高级的渐次演进的一般规律,这为国际化进程的"渐进论"提供了一个以区域为考察对象(有别于以企业为考察对象)的不同视角的实证。

2.4.3 提供本土化的案例与范例

国外关于国际化理论的研究大多基于发达国家与地区的企业国际化实践,自从 20 世纪 80－90 年代被系统地引入中国后,随即带来了国际化理论的中国适用性问题。本课题通过考察民营企业国际化进程演变中的市场进入模式、突破因素以及政府作用等,为国际化理论发展提供了一个本土化的案例。同时,本课题从发展经济学角度分析了企业进入国际市场的演进及其路径;从成本效益角度考察了企业国际化模式的选择等,以上多视角的研究为企业推进国际化提供了新的思路,为中国企业国际化发展提供了一个本土化的范例。浙江民营企业国际化起步早,走在全国前列,是一个有代表性的典型地区,其国际化过程中积累的许多成功经验,都可为国际化后起地区提供借鉴,从而成为中国企业国际化的典型本土化范例。

以"国际化进程演进模型"为理论框架,本书的后面章节研究总体思路如下:第三章到第五章重点以温州地区为例研究民营企业国际化进程中的三个阶段:对外贸易、吸引外资与境外投资,第六章到第八章以我国东部沿海小区域温州、苏州、泉州为例,对其国际化模式展开比较研究,第九章为典型案例研究。

---

① 外向出口、技术转让、国外各种合同安排、国外合资合营、海外子公司和分公司;内向国际化主要包括进口、购买技术专利、三来一补、国内合资合营、成为外国公司的子公司或分公司。参照我国外经贸数据的统计口径,本章以出口贸易、境外投资代表外向,以引进外资、进口贸易代表内向。

3 民营企业对外贸易：
国际化初起

民营企业对外贸易是国际化初起阶段。本章对温州民营企业 1978—2009 年对外贸易运行情况进行纵向考察，对影响外贸发展的各种因素进行分析，对 137 家民营企业开展问卷调查及部分企业实地访谈，并应用 SPSS 软件对所获数据资料进行归类及因子分析，金融危机、政策、汇率、竞争、研发、品牌等因素对企业出口业务、出口利润、出口地区、收汇风险大小等有着不同程度的影响，在此分析基础上提出相应的建议。

3.1 相关理论综述

地区外贸发展受各种外部因素影响，在众多因素中，本节将选择汇率变动、金融危机、出口退税政策、劳动法实施及贸易壁垒等五个重要因素进行理论综述。当前各种因素对进出口贸易影响的研究主要集中在宏观层面，而从特定地区的产业和企业两个层面来研究各种因素对进出口贸易影响及对策的成果非常少见，而这样的研究正是社会各界所急需的。

3.1.1 汇率波动对外贸的影响

传统国际经济学认为，本币升值会使本国商品的外币价格上升，国际市场需求减少，国际竞争力下降，从而抑制本国商品出口，同时刺激进口增加；

反之则鼓励出口,抑制进口。按照这种理论,如果人民币一旦升值,将首先冲击我国的出口及相关产业。尤其考虑到我国的出口依存度达 30% 以上,出口拉动对我国经济增长的作用很大,出口产业的萎缩无疑会严重影响到我国的经济增长。然而国外多年来关于汇率与出口关系的实证研究并不一致肯定这一传统观点。有的研究结果表明汇率对贸易没有显著影响,有的发现汇率和贸易量有着显著的负向影响(Stephen P. Dukas, Ali M. Fatemi & Amir Tavakkol, 1996;Ronald MacDonald, 2000;Sohnke M. Bartram, 2004 等)。

国内学者在研究人民币汇率与贸易关系上也取得了不少成果。主要集中在以下几个方面:

汇率变动对进出口影响是有效或明显的。根据传统理论分析,人民币升值对我国外贸会带来抑制出口的影响,外贸企业应采取积极应对的措施(刘惊寒,2006;刘崇献,2008;伍天,2008);梁琦、徐原(2006)认为,从汇率角度来看,中国出口贸易的最大威胁不是人民币升值 2.01%,而是未来国际外汇市场汇率变动引起的汇率风险。李治国、徐剑刚、曾利飞(2007)研究认为,在人民币升值压力下,我国目前已经出现影响进出口贸易增速的近似 J 曲线效应,而贸易收支决定模型的实证结果表明汇率变动对贸易收支影响显著,人民币升值压力下的 J 曲线效应越来越明显。

汇率变动对进出口影响并不明显。杨帆(1999)认为中国贸易中的 60% 为加工出口,与汇率变动没有关系;谢建国、陈漓高(2002)的研究发现,1978—2000 年的人民币汇率贬值对中国贸易收支没有显著的影响;欧元明和王少平(2005)运用计量经济学模型研究汇率和出口的关系,发现实际有效汇率与中国内资企业出口间没有因果关系;孙伯良(2007)认为,汇改以来人民币升值幅度已超过 7% 的时候,中国的外贸顺差和外汇储备却不降反升,说明了人民币升值具有"逆效应";刘庭、赵新奎(2008)认为,人民币升值实际贸易效应不显著,这与我国特殊的贸易结构、出口产品成本、出口产品国外需求弹性等因素有密切的关系。

人民币升值对特定区域或产业外贸影响的实证分析。2006 年 4 月温州市外汇管理局主持的《汇改对外向型企业的影响分析》表明,汇率机制改革近期内还没有对涉外企业出口竞争力形成太大的负效应;换汇成本总体上升显示汇改对出口企业的促动作用还不够显著,人力成本、原材料价格、企业经营管理水平等因素对换汇成本的影响要大于汇改影响;相对于其他多种因素,汇率变动对于企业扩大进口以及企业就业状况变化的作用微乎其微。葛帮亮(2008)认为从短期看,人民币小幅或缓慢升值对江苏省外向型经济发展的影响并不大;周业樑(2008)按不同性质企业、不同贸易方式与不同规模等分类对浙江特色产业纺织服装业进行问卷调查,发现企业已经直观感受到人民币升值带来出口压力。李浩妍(2009)通过人民币升值对宁波市贸易方式选择、外贸企业融资方式选择、不同外贸行业及外商投资企业四个方面的影响分析,建立一套完善的体系以此来规避人民币升值引起的风险。樊琦(2010)利用 Engle 和 Granger 的计量方法分析表明,人民币汇率变动对浙江机电产品的出口影响不大。石珊舟(2010)认为人民币升值对浙江中小纺织品出口企业发展机遇和挑战并存,充分发挥浙江块状经济的联系,利用产业间的关系及其地理分布,从原料到服饰配件形成了较好的产业链接和区位分布,形成良好的集聚效应。

3.1.2　金融危机对外贸的影响

金融危机自 2007 年爆发以来,许多学者对此进行研究,大致归纳有以下几个方面:一是关于金融危机性质的界定。李华民(2007)认为这次金融危机是外源性的。徐克恩、鄂志寰(2008)认为,这次危机刚开始是一次美国金融动荡,从次贷危机演变到世纪性金融危机;曹金凤、冷洛(2008)研究认为,从成因及影响两个方面对亚洲金融危机与美国金融危机进行比较,从中得出上述结论。二是针对金融危机对中国经济的影响及对策分析。孟卫东、吉进波、司林波(2010)认为中小企业发展在资金、市场等受到金融危机严重冲击,应从政府、行业协会及企业三个层面提出相应对策;胡求光、李洪英(2010),通过对金融危机影响后国内外经济形势的分析,结合海关统计数据,运用定性分析和定量分析相结合的方法,从贸易方式、贸易区域、贸易产品三个方面就金融危机对中国出口贸易产生的影响进行实证检验,并通过对外贸与经济增长的长期关系进行协整检验,发现中国的出口贸易与经济增长受金融危机影响程度较为严重。在此基础上,提出中国出口贸易中需要关注的一些问题以及在国际经济危机背景下促进出口贸易持续发展的对策建议。徐雪(2009)阐述了国际金融危机以来中国主要外贸促进政策演变,以及对政策效果进行评价;何守超(2010)以温州民营企业为例,就金融危机下民营企业国际化模式转型开展研究,认为贸易动机、市场结构、进入方式等发生实质性改变。

3.1.3　出口退税政策对外贸的影响

王晓雷(2008)运用 2006 年、2007 年商务部、国家外汇管理局和国家税务总局的相关数据,对我国出口退税政策调整前后的出口规模和出口结构的变化进行比较分析,检验出口退税政策调整的效率,并提出了有益建议。易正容(2008)通过阐述出口退税政策调整的方向、力度、目的,结合广东经济的出口依赖度、出口产品的结构,分析出口退税政策调整对广东经济的影响,提出了有创新性、实践上可行的应对措施。龚一鸣(2008)认为我国的出口退税机制改革势在必行,出口企业应把握这一契机,顺应国家政策导向,积极调整企业的出口产品结构和贸易形式,发挥出口与经济增长相互促进的作用。谷永芬、吴倩、陈文宗(2008)截取1993年至2006年的数据应用回归分析法得出:出口退税率的多次调整对纺织业的出口影响并不十分显著,据此国家更应结合其他政策措施来调整优化纺织业的产业结构。王帅、赵玉焕(2010)利用计量经济学模型对出口退税率调整对我国出口商品结构的影响进行了实证分析,表明出口退税率的调整对出口商品结构具有一定的优化作用。张熔,杨树琪(2010)实证分析了在金融危机背景下,出口退税政策对刺激出口增长、拉动外需的效应影响及方式与方法,提出了相应的政策建议。

3.1.4 《劳动合同法》颁布对外贸的影响

《中华人民共和国劳动合同法》自2008年1月1日正式实施给企业用工环境带来很大改变,尤其是直接影响到劳动密集型企业的生产成本。赵爽、冯玉瑶(2008)认为新《劳动合同法》对我国对外贸易中的产业结构、出口企业的成本、企业利润、企业竞争力产生正面影响,并将对我国的对外贸易产生深远的积极影响。刘湘国、郭素良、朱海伦(2009)认为,《劳动合同法》实施后对浙江民营企业的影响已经逐步显示出来,主要体现在用工成本大幅提高,对劳动密集型的出口企业影响更为明显。李钢、沈可挺、郭朝先(2009)在企业调研的基础上对新《劳动合同法》实施后劳动密集型产业竞争力的提升问题进行了研究,发现新《劳动合同法》并没有增加守法企业的用工成本;工资上涨不是《劳动合同法》实施的结果;《劳动合同法》有助于维护正常的用工秩序;《劳动合同法》实施也没有减少劳动力市场需求。在调研的基础上,我们认为劳动密集型企业升级的路径应是主动将价格优势升级为品牌与渠道优势;注重研发,提升产品档次;注重人才培养,把以人为本的理念落到实处。瑞安市企业家协会发起的调研(2008)表明,对全市(瑞安)9个重点行业、31家企业执行《劳动合同法》后劳资支出情况进行调查分析,年平均劳资成本每位职工同比增加支出在4000—7000元之间,最高的一家成长型企业达9642元。

3.1.5　贸易壁垒对外贸的影响

金融危机后各国贸易保护主义出现抬头趋势,由此对贸易格局改变产生较大影响。代表性观点有,谭建英(2009)分析了技术性贸易壁垒具有隐蔽性较强、透明度较低、不易监督和预测的特点,在国际贸易实践中,尤其在发达国家中普遍存在着滥用的现象,对我国形成了严重的压力,一定程度上影响了我国对外贸易的出口额度,阻碍了我国对外贸易经济的发展,在应对技术性贸易壁垒的策略上,应当从政府、企业两个方面来考虑,建立政府与企业相互联动机制。丁玉梅、廖良美(2009)分析了国际贸易壁垒的演化与演变趋势,及对外贸的影响,提出政府应加强新贸易壁垒知识的宣传及普及工作,建立新贸易壁垒的预警机制,建立统一规范的产品认证认可体系,同时企业应主动树立标准意识,实施以质取胜和可持续发展战略。白琳、张燕(2009)阐述了蓝色贸易壁垒的内涵及其对国际贸易的影响,认为在应对策略上应坚持发挥我国比较优势的原则,提高产业自主创新能力,掌握产业发展自主权,保障劳动者权益。

以上研究文献的跟踪与讨论表明,有诸多因素影响外贸发展,但如下一些问题仍需进一步探讨:(1)人民币升值对外贸影响的看法仍存在争议,说明不仅人民币升值效应受多种因素影响,而且具有一定的不确定性;(2)当前各种因素对进出口贸易影响的研究主要集中在宏观层面,而从特定地区的民营企业来研究各种因素对贸易影响及对策的成果非常少见,而这样的研究正是社会各界所急需的。

3.2　民营企业对外贸易
发展影响因素

继 2005 年 7 月 21 日人民币升值之后,我国出口退税率下调、新劳动法颁布、美国次贷危机、原材料价格上涨等一系列突然变化的外部环境,曾让外贸依存度较高地区的一些企业措手不及,企业一时无法应对这种环境的突然变化,出现业务下滑甚至更为严重的情况。本节尝试对该阶段外贸发展的各种宏观环境因素进行梳理。

3.2.1　人民币升值

2005年7月21日,我国开始实行以市场供求为基础、参考一篮子货币进行调节、有管理的浮动汇率制度。人民币对美元从即日升值2%,即1美元兑换8.11元人民币,至今人民币升值幅度超过20%。这是一次汇率形成机制的一次重大变革,在国内外学术界引起广泛的关注,其中的焦点就在于人民币升值对中国进出口贸易的影响。2005年的升值之日至今,人民币升值趋势大体如下:

2005年7月21日:8.1080,之后人民币一路升值,2005年12月为8.0702;2006年人民币升值,从8.0608到7.8087;升值幅度达3.24%;2007年延续这种趋势:7.7776到7.3046;升值幅度达6.46%;2008年人民币再度升值,到5月,破"7":6.9472;一路升值到9月,达6.8183,10月份为6.8258,之后有所贬值:11月份6.8349,12月为6.8346,2008年年升值幅度达6.44%,2008年12月6.8346与2005年6月的8.2765比较,升值幅度达到17.43%。2009年呈平稳趋势,保持在6.8380上下浮动。2010年人民币继续升值态势加快,尤其是下半年在多方压力下,人民币多次突破重要关口,目前在1美元=6.6755人民币元上下浮动(如图3-1所示)。人民币升值趋势近期内难以改变。

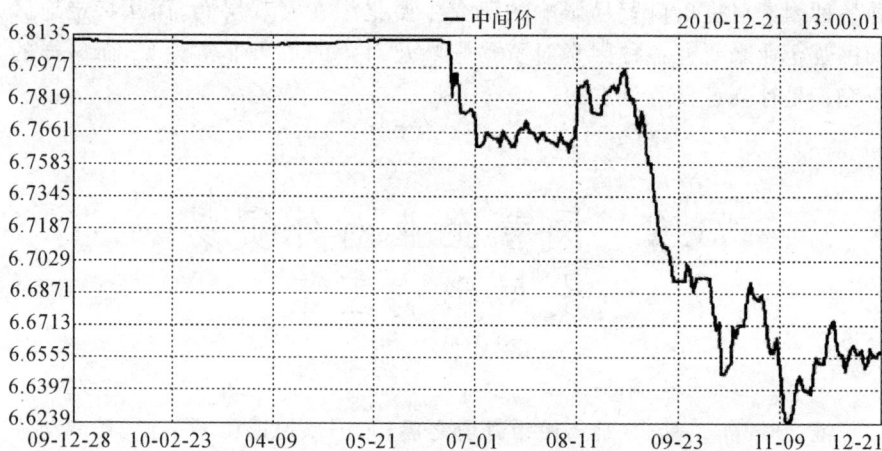

图3-1　美元兑人民币中间价12个月走势(2009-12-28～2010-12-21)

资料来源:课题组根据 http://www.pbc.gov.cn 提供的数据整理而得。

3.2.2 金融危机

本次金融危机的前身即是次贷危机,从美国的次贷危机爆发到国际金融危机的全面爆发,据主流媒体报道共经历了三个阶段:次贷危机阶段(开始)、利率市场危机阶段(恶化)、美元地位危机阶段(升级,爆发国际金融危机)。

次贷危机又称次级房贷危机,也译为次债危机。它是指一场发生在美国,因次级抵押贷款机构破产、投资基金被迫关闭、股市剧烈震荡引起的金融风暴。它致使全球主要金融市场出现流动性不足危机。美国"次贷危机"是从 2006 年春季开始逐步显现的。2007 年 8 月开始席卷美国、欧盟和日本等世界主要金融市场。次贷危机已经成为当时国际上的一个热点问题。

在大规模信用违约危机的剧烈震荡之下,美国银行间市场和货币市场将再度出现流动性枯竭危机,其背后的原因将是对偿付能力的担忧急剧增加。美国最大的两家政府间接担保的按揭贷款金融机构房利美和房地美由于自有资本金的超级单薄,很可能会出现重大危机,其发行的信用等级接近美国国债的债券可能出现孳息率大幅上升的危险局面,这种危机将传染 60 年以来被世界公认是最安全的金融资产——美国国债的信心,从而触发更大规模的全球金融市场震荡。金融衍生品市场中规模最大的利率掉期市场将面临前所未有的严酷考验。

美国国债和房利美、房地美的债券信任危机将导致世界范围内对美国金融产品的恐慌性抛售和美元的失控性暴跌,由于美元世界储备货币的地位和全球贸易的 70% 以美元结算的客观现实,美元的危机必将导致全球金融危机的爆发。

2009 年初国际货币基金组织(IMF)表示,将下调世界经济增长预期,修订后的经济增长率为 0.5%,这是自第二次世界大战 60 年来最低水平。国际经济增长放慢,使居民消费信心指数下降,导致国际需求降低,国外订单数量大幅减少,这成为导致出口贸易恶化的主要原因。此外,外商付款不及时或拖欠导致收汇风险。金融危机爆发以来,出口企业从事国际贸易的信用风险程度明显加大。

3.2.3 出口退税率波动

2006 年我国实施宏观调控政策采取的综合措施之一,出口退税和加工贸易税收政策调整属结构性调整,旨在进一步优化产业结构,促进外贸转变增长方式,推动进出口贸易均衡发展。财政部、国家发展改革委员会、商务部、海关总署、国家税务总局 5 部委联合发出通知,调整部分出口商品的出口退税率,同时增补加工贸易禁止类商品目录。2007 年 6 月 19 日,财政部、国家税务总局再次发布关于调低部分商品出口退税率的通知,机电产品首次出现在这份出口退税名单中。其间因人民币升值、金融危机等因素的影响,我国出口贸易自 2008 年上半年开始出现较为迅速滑坡,这引起了政府的强烈关注。为了能稳定出口,从 2008 年 8 月 1 日开始,部分纺织品、服装的退税率由 11％提高到 13％;到 2009 年 6 月曾 7 次不同程度提高部分商品的退税率。其中,与温州出口商品紧密相关的有纺织品、服装、玩具、箱包、鞋、部分机电产品等,已经超出了调低前的出口退税率(2006 年)。与温州相关的商品具体见表 3-1。

表 3-1　与温州出口商品相关退税率调整一览

次数	发布时间	实施时间	涉及商品及退税率调整
第一次	2006.9.14	2006.10.1	将纺织品、家具、塑料、打火机、个别木材制品的出口退税率由 13％降至 11％
第二次	2007.6.19	2007.7.1	服装鞋帽、雨伞、羽毛制品等出口退税率下调至 11％;部分钢铁制品、其他贱金属及其制品出口退税率下调至 5％
第三次	—	2008.8.1	部分纺织品、服装由 11％提高到 13％
第四次	2008.10.21	2008.11.1	纺织品、服装、玩具等劳动密集型商品退税率将分为 5％、9％、11％、13％、14％和 17％六档
第五次	2008.11.17	2008.12.1	将箱包、鞋、帽、伞、家具、寝具、灯具、钟表等商品的退税率由 11％提高到 13％。将部分机电产品的退税率分别由 9％提高到 11％,11％提高到 13％,13％提高到 14％
第六次		2009.1.1	将摩托车、缝纫机、电导体等产品的出口退税率由 11％、13％提高到 14％
第七次		2009.2.1	将纺织品、服装出口退税率提高到 15％
第八次	2009.3.25	2009.4.1	将纺织品、服装的出口退税率提高到 16％
第九次		2009.6.1	连续 7 次提高出口退税率,其中服装纺织、机电、钢铁、轻工、有色金属、石化和电子信息 7 大行业产品受益最大……其中,目前我国绝大部分服装纺织产品的出口退税率已达到 16％,与全额退税只差 1 个百分点

资料来源:根据商务部网站,www.mofcom.gov.cn 整理而得。

3.2.4 《劳动合同法》颁发及实施

2008 年 1 月 1 日起施行的《劳动合同法》,是规范劳动关系的一部重要法律。该法在明确劳动合同双方当事人的权利和义务的前提下,重在保护劳动者的合法权益,为构建和发展和谐稳定的劳动关系提供法律保障。《劳动合同法》对原有的劳动关系立法模式作出重大调整,对企业劳动用工管理和发展战略产生了深广影响,并引发不同评价。实施《劳动合同法》,引起企业和社会各界广泛关注和不同反应。调查表明,企业总体上对《劳动合同法》是肯定的。但具体操作有一定难度,劳动者素质也尚未达到相应的水平,需要企业和劳动者双方努力。温州出口产品以劳动密集型为主,随着《劳动合同法》实施及劳动力成本的提升,其竞争优势在不断减弱。

3.2.5 周边货币贬值

进入 2008 年以来,印度卢比、泰国泰铢、菲律宾比索、印度尼西亚印尼盾等多个国家的货币均出现了对美元贬值的情况,而这些货币在前 5 年时间大致均是对美元升值。2008 年这些国家的外资撤出和货币贬值,具有重大的风险性。

阿根廷,2008 年 4 月 26 日,为应付美元抢购潮,阿根廷央行单日抛售 3 亿美元储备,创 6 年之最。

越南,2008 年 5 月 17 日,越南央行将利率大幅调高 3.25%,由 8.75% 到 12.0%(越南 4 月份 CPI 涨幅达 21.4%);而 1998 年该国经常项目一直是逆差,且由 1998 年 1 月 1.8 亿美元逆差扩大到了 2008 年 4 月的 111.0 亿美元逆差,10 年间扩大了 61 倍。

韩国,2008 年 5 月 21 日,韩元兑美元跌至两年来低点,韩国政府入市干预,买入了价值达 5 亿美元的韩元。[①]

以上国家的货币出现不同程度的贬值,而人民币相对坚挺,外贸企业的价格优势减弱,这给出口企业造成巨大压力,也对我国金融造成较大的冲击;最后,企业融资不顺畅,金融危机造成的信贷亏损打击了银行的信心,银行收紧信贷标准,导致信贷短缺。

---

① 鲁政委.警惕中国面临输入性货币危机.第一财经日报,2008-06-02.

3.2.6 贸易保护主义抬头

在经济危机的环境下,贸易保护主义再次抬头并愈演愈烈。就温州而言,也受到类似的冲击。首先,多年未结的欧盟反倾销案一直在影响温州鞋类的出口。此外,受全球金融危机影响,阿根廷政府从2009年开始采取一系列措施限制进口产品,来自巴西和中国的部分产品成为阿方重点限制对象。阿根廷生产部2009年7月1日宣布,为保护本国制鞋企业的生存发展,将对除运动鞋之外的中国鞋类产品实施进口反倾销措施。此外,2009年发生多起"重量级"贸易事件:2009年6月18日,俄罗斯政府宣布将集中销毁价值高达20亿美元的中国"走私"商品;6月29日切尔基佐夫斯基集装箱大市场被无限期临时关闭,温州商人损失严重,仅自己申报金额就高达8亿美元;2009年11月24—27日,罗马尼亚警方又查封了温商集聚的尼罗市场的300多间店铺,使市场经营商户的经济损失达数千万美元,其中1000多温州商人受到损失。

3.3 温州民营企业对外贸易的纵向考察

温州民营企业对外贸易在国内外多种因素共同作用下运行。本章采用了1978—2009年的温州民营企业对外贸易数据,对其运行及发展状况进行纵向考察。

3.3.1 对外贸易发展的基本阶段

纵向考察改革开放以来温州的对外贸易,大体上可以分为四个阶段:

(1)准备阶段(1978—1986年)。此阶段我国外贸经营权尚处于计划管理之下,温州专业外贸公司主要为省公司负责从温州组织货源、收购发运等工作,没有自营出口业绩,但积累了大量的货源组织与收购的经验,为本区域的自营出口打下了良好的基础。

(2)起步阶段(1987—1991年)。1987年仅有一家外商投资企业开始出口114万美元,1988年随着我国外贸体制改革,推行了承包经营责任制,国有外贸公司结束了外贸经营长期处于单一组织货源、收购发运的局面,开始自营出口。1991 年我国进一步深化外贸体制改革,实行了新一轮的承包经营责任制,取消了国家财政补贴,企业实行自主经营,自负盈亏,地方权限更大,由此促成了温州外贸的发展。这个阶段出口呈现低基础上的快速增长,累计出口 3293 万美元,年平均增长率为 100%。

(3)快速发展阶段(1992—2000 年)。在以往改革基础上,1992 年党的十四大报告指出,深化外贸管理体制,尽快建立适应社会主义市场经济发展的、符合国际贸易规范的新型外贸体制,这为我国深化外贸体制改革指明了正确的方向和最终目标。这个阶段最主要的改革表现在外贸经营权的多次下放,由此也促进了地方外贸的快速增长。1992—1995 年 4 年间,温州进出口平均增长率超过 100%,进出口总额翻了四番,由 1992 年的 3635 万美元增加到 1995 年的 33219 万美元。其间 1993、1994 和 1995 年环比指数分别达 2.23、2.03 和 2.02。1999 年我国赋予民营企业进出口权,激发了温州民营企业从事外贸经营的积极性,不断开拓国际市场,逐渐成为温州外贸出口新的力量。获得外贸经营权的企业不仅能出口本企业产品,还收购其他企业同类或相关产品出口,从而带动整个产业进入国际市场。

(4)调整阶段(2001 年至今)。外贸增长速度开始有所放慢。2001—2004 年外贸总额环比指数分别为 1.35、1.27、1.30、1.33,出口环比指数分别为 1.34、1.32、1.29、1.34,与上个阶段的同类指标相比,总体上增长速度明显有所下降,进入外贸调整期。受全球金融危机等宏观因素的影响,直接与国际市场紧密关联的出口行业已经遭受到猛烈的冲击。根据温州海关统计,2005—2009 年进出口增长一路下滑,由 2005 年 31.7% 到 2009 年负增长5.13%;同时出口增长率下滑速度更快,2009 年出现负增长 8.12%(见表 3-2)。

表 3-2　温州进出口情况一览表(1987—2009 年)

年份	进出口金额(万美元)			环比指数	
	进出口	进口	出口	进出口总额	出口额
1987	114	0	114	—	—
1988	695	526	169	6.1	1.48
1989	596	329	267	0.86	1.58
1990	1546	629	917	2.59	3.43
1991	2068	242	1826	1.34	1.99
1992	3635	632	3003	1.76	1.64
1993	8094	2833	5261	2.23	1.75
1994	16408	3704	12701	2.03	2.41
1995	33219	5568	27651	2.02	2.18

年份	进出口金额(万美元)			环比指数	
	进出口	进口	出口	进出口总额	出口额
1996	45561	7711	37850	1.37	1.37
1997	63476	10422	53054	1.39	1.4
1998	87941	19612	68329	1.39	1.29
1999	122653	40315	82338	1.39	1.21
2000	201474	51524	149950	1.64	1.82
2001	271796	70994	200802	1.35	1.34
2002	345400	80400	265000	1.27	1.32
2003	447479	105109	342361	1.3	1.29
2004	596713	139080	457634	1.33	1.34
2005	785979	167549	618430	1.32	1.35
2006	989399	181256	808143	1.26	1.31
2007	1224772	209998	1014774	1.24	1.26
2008	1399208	208857	1190351	1.14	1.17
2009				0.95	0.92

资料来源:根据《温州统计年鉴》(1988—2010)计算而得。

3.3.2 对外贸易运行的基本特征

3.3.2.1 出口贸易快速增长

比较1996—2004年温州市、浙江省及全国出口增长率,1996—2002年温州市出口增长率均高于浙江及全国同期出口增长率,差距最大的为2000年,分别高出30.62%和54.32%,最小的为2002年,分别高出3.97%和9.67%;受各种外部(贸易壁垒等)和内部环境(外贸企业外迁等)因素的重大影响,2003、2004年温州市出口增长速度放慢,增长率小于浙江及全国出口增长率(见表3-3)。

表3-3 温州市、浙江省及全国出口增长率比较 (单位:%)

年 份	温州市	浙江省	全国
1996	36.37	14.02	1.52
1997	40.69	25.74	21.02

年　份	温州市	浙江省	全国
1998	29.05	7.47	0.56
1999	20.26	18.50	6.05
2000	82.12	51.50	27.80
2001	33.96	18.20	6.80
2002	31.97	28.0	22.3
2003	29.21	41.5	34.6
2004	33.30	38.8	35.7

资料来源：根据《中国统计年鉴》(1997—2005)、《浙江统计年鉴》(1997—2005)和《温州统计年鉴》(1997—2005)计算而得。

3.3.2.2　出口商品结构不断优化

1999—2002 年，温州市出口商品结构逐步优化，初级产品出口比重明显下降，工业制成品比重相应提高，机电产品出口稳步增长。工业制成品出口比重由 1995 年的 92％上升到 2002 年的 98.65％，其中机电产品出口由 23.5％上升到 36.64％，说明出口商品结构不断优化。1999—2001 年服装、鞋类、眼镜和烟具、电路保护装置、旅行用品及箱包等产品一直是出口支柱产品(见表 3-4)。2002 年一些新的支柱产品正在形成，如皮革等出口值已达上亿美元，一些传统出口商品如汽配、锁具、各类笔、小家电、冻鱼等 30 余种出口值也均超过 1000 万美元，总体上出口商品结构仍保持"小商品，大市场"的特点。①

2003 年传统骨干商品出口在高位上仍保持均衡增长。鞋类出口 8.37 亿美元，同比增长 25.5％，纺织服装出口 7.68 亿美元，同比增长 45.2％，眼镜出口 2.68 亿美元，同比增长 18.96％。此外，光学仪器、照相器材、医疗设备、汽摩配等产品出口不断增多，出口产品结构渐趋优化，附加值有所提高。全市机电产品出口 11.5 亿美元，占出口总值 34.62％，同比增长 29.2％。②

2004 年增强品牌意识，机电产品出口呈现亮点。鞋类出口 11.5 亿美元，同比增长 37.2％；纺织服装出口 8.5 亿美元，同比增长 10.68％；眼镜出口 2.97 亿美元，同比增长 10.8％；皮革制品出口 2.1 亿美元，同比增长 47.2％；机电产品出口达 15.8 亿美元，占出口总值 34.53％，同比增长 37.39％，主要包括低压电器、家用电器、仪器仪表、阀门、汽摩配等，其中汽

---

① 吴国桢.温州外贸的 2002 与 2003.温州商报，2003-1-14(11).

② 温州海关统计.2003(12).

摩配产品出口发展较快,出口超亿美元,同比增长 77.8%。企业创品牌的意识大大增强。不少企业从自己的经营实践中尝到了创品牌的甜头,20 多家出口上规模、质量过硬、产品在国外有一定知名度的企业,积极申报"中国出口名牌商品",其中正泰、德力西、康奈、吉尔达、大虎打火机等 10 余家企业已报商务部备选;机电产品获多项认证。浙江东正电器公司的接地故障断路器 2003 年通过美国 UL 新标准,月兔集团的空调、康泉的热水器等通过了国内、国际上多种认证,出口形势非常看好。

2005—2009 年温州市传统产品出口增长缓慢。2008 年主要出口商品如鞋类、服装、眼镜等出口表现一般。2008 年 1—11 月份,鞋类出口 24.78 亿美元,增长率为 12.53%;服装及衣着附件出口 11.04 亿美元,增长率为 2.02%,眼镜出口 5.05 亿美元,增长率为 9.21%,三大主要出口产品的增长率普遍下降,均低于温州出口平均增长率(16.8%)。通断电路保护装置、合成革与机电产品增长较快,同比增长率为 22.34%、24.47% 与 23.14%。2009 年主要出口商品增长缓慢,部分商品还出现较大降幅。受 2009 年 1 月份以来出口退税率提高等刺激,服装及衣着附件出口保持增长,全年同比增长为 5.42%,同样受产业政策刺激的合成革出口在逆势中保持增长,同比增长为 7.48%;然而,鞋类受欧盟等反倾销等影响,今年出口一直比较艰难,增幅为 0.06%;而电路保护装置、机电产品降幅较大,同比降低为 15.3%、15.17%,详见表 3-4。

表 3-4　2005—2009 年温州市主要出口商品增长率一览表

年份	2005	2006	2007	2008	2009
鞋类	37.86	26.7	20.1	14.25	0.06
服装及附件	32.93	21.8	2.89	4.97	5.42
眼镜	13.7	25.67	21.5	10.89	−8.42
皮革制品	19.35	47.45	34.4	21.65	7.48
电路保护装置	37.21	37.7	37	20.95	−15.3
打火机	−8.38	23.22	−5.88	19.35	−5.61
机电产品	34.41	38.75	38.1	23.38	−15.17

资料来源:根据《温州海关统计》(2005—2009)计算而得。

3.3.2.3　出口市场多元化

1996—2000 年出口市场分别为 121 个、121 个、135 个、155 个和 166 个,出口在 1000 万美元以上的主要贸易伙伴不断增加,2000 年以来改变了一直以亚洲市场为主状况,欧洲成为最主要的出口市场,全市对亚洲、欧洲、北美、拉丁美洲、非洲和大洋洲出口市场比重由 1995 的 53：33.4：6.7：3：2.9：1 调整为 2000 年的 30.7：45.5：10.2：5.1：7.5：1。

2001—2004 年坚持"巩固亚洲市场,深度开发美、欧市场,积极开发非洲拉美市场"目标,出口市场多元化取得进展。2004 年末,温州市已与世界上 174 个国家和地区建立了贸易往来,对主要贸易伙伴出口保持稳定增长,对非洲、拉丁美洲等新市场开拓取得积极效果。其中,2004 年全年出口额超过 1000 万美元的国家(地区)达 62 个,其中出口超过 1 亿美元的国家(地区)已达 13 个。其中对欧盟出口 8.6 亿美元,对美国出口 4.8 亿美元,而对东盟出口 2.9 亿美元,对阿联酋出口 2.8 亿美元,分别对中国香港、乌克兰、西班牙出口 2 亿美元、1.7 亿美元、1.6 亿美元。至此,出口市场已基本形成以亚、欧、美市场为中心,以点带面逐步向拉美、非洲扩展的局面。2001—2004 年出口市场的基本情况见表 3-5。

表 3-5　2001—2004 年温州市出口市场的基本情况　（单位:个）

年　份	2001	2002	2003	2004
出口市场	164	169	170	174
出口超千万美元市场	40	47	51	62
出口超亿美元市场	4	6	10	13

资料来源:《温州海关统计》(2001—2004)。

2005—2009 年市场调整显效。2009 年温州地区商品出口至 201 个国家和地区,以欧盟和美国等发达国家市场为主,欧盟、美国、东盟、俄罗斯和阿联酋居我市出口市场的前 5 位。对欧盟出口 30.55 亿美元,减少 8.7%;对美国出口 11.98 亿美元,增长 3.98%;对东盟出口 7.75 亿美元,增长 3.67%;对俄罗斯出口 5.52 亿美元,减少 29.11%;对阿联酋出口 4.65 亿美元,减少 13.41%。温州企业市场调整策略的效果开始显现,新兴市场出口增长态势明显,2009 年 1—9 月温州对非洲、东盟、巴西、大洋洲出口分别同比增长 2.90%、10.52%、6.14%、14.32%。

3.3.2.4　外贸经营主体多元化

企业获得外贸经营权门槛的进一步降低,使得更多中小民营企业直接参与国际竞争。越来越多的温州中小民营企业申报进出口经营权,2001—2004 年新增获权企业分别为 257 家、327 家、530 家和 650 家。截至 2004 年 12 月底,全市累计获进出口权企业达 1990 家。2004 年新备案登记的进出口经营权企业 650 家,全部为民营企业。由国有企业、外商投资企业和民营企业共同开拓国际市场的局面已初步形成。同时,企业出口规模有所扩大,据统计,2004 年自营出口超过 3000 万元的生产企业达 4 家,自营出口超过 2000 万的生产企业达 15 家。

1999—2004 年各类企业出口不断递增,但国有企业出口比重有所下降,外商投资企业比重比较稳定,民营企业出口比重不断提高,2001—2004 年年均已超过外商投资企业的出口比重,2003 年其出口比重已接近 47.9%,2004 年高达 55.8%。2005—2009 年民营企业出口继续提升,其出口比重由 2005 年的 61% 提高了 2009 年的 74.28%。外资企业、国有企业出口比重在逐年下降,2009 年外商投资企业出口 13.79 亿美元,比重为 12.61%;国有企业出口 14.34 亿美元,比重为 13.11%(见表 3-6)。

表 3-6 1999—2004 年温州市三类企业出口比重比较 (单位:%)

年份	1999	2000	2001	2002	2003	2004	2005	2006	2007	2008	2009
国有企业	62.71	53.58	45.15	38.53	31.04	24.5	20.12	19.23	14.87	13.84	13.11
外商投资企业	21.35	24.75	25.81	23.84	21.06	19.7	18.88	18	13.84	13.45	12.61
民营企业	15.94	21.67	29.04	37.63	47.90	55.8	61	62.77	71.29	72.71	74.28
合计	100	100	100	100	100	100	100	100	100	100	100

3.3.2.5 国际市场进入方式:从传统到创新

以往温州民营企业对外贸易大多通过侨贸、贴牌生产及国际合作等方式,近几年情况已经发生了变化。因受金融危机等诸多外部因素影响,民营企业进入国际市场采取了多种新型方式,比如通过自主品牌进驻国外超市、合资国际企业、获取海外代理权、海外并购等方式;从实际效果看,不仅绕开中间商,直接进入终端市场,而且有效地开拓了国际市场,从而实现了企业的转型。以下选取了温州鞋业、服装、低压电气、汽车配件等主要产业的国际化程度较高的五家民营企业作为重点调研对象,对其金融危机期间为了开拓国际市场,如何创新传统国际市场进入方式进行个案分析。

五家不同民营企业采取了不同的国际市场进入方式,哈杉将自主品牌打入国外超市,德力西合资国际巨头施耐德,奥康鞋业实施国际知名品牌的收购,倍蒙自主品牌国外开设专卖店,而冠盛在美国实施收购计划并建立区域的营销网络,这些方式都改变了原有的通过中间商、贴牌生产或国外代理商这种单一传统的进入方式(见表 3-7)。

表 3-7　五家温州民营企业国际市场进入方式的创新

企业	传统进入方式	创新进入方式	发生时间	主要特征
哈杉鞋业	以贴牌出口为主	自主品牌进驻国外超市	2008 年初	自主品牌;直接掌控终端市场
德力西电气	通过国内中间商出口	合资电气巨头施耐德	2007 年底	利用对方国际营销网络;改造及提升管理模式
奥康鞋业	为国外品牌代工	收购知名品牌"万利威德"的全球代理权、生产权及部分所有权	2008—2010 年	从品牌的特许使用、代理到所有权取得,体现了渐进式的国际合作
倍蒙服饰	为转手订单加工	开设海外专卖店	2008—2010 年	首家在海外开设专卖店的温州服装企业
冠盛汽配	通过代理商出口	构建区域营销网络	2005—2008 年	采用海外设厂、建立子公司等进行网络构建

资料来源:根据企业访谈整理而得。

3.4　民营企业对外贸易实证分析:基于 137 份温州企业问卷调查

温州对外贸易运行态势受到各种因素的影响。为了进一步了解并掌握企业对各种因素影响的评价,课题组对 137 家温州民营企业发放相关调查问卷,采用因子分析及回归分析方法对所获数据进行处理分析并得出初步结论:危机、汇率、政策、研发等因素对企业出口业务、出口利润变化、出口地区、收汇风险大小等有着不同程度的影响。

2009 年 12 月至 2010 年 6 月,课题组对温州地区(鹿城、龙湾、瑞安、乐清等)民营企业对外贸易进行调查研究分析,考察对象为温州民营生产型企业。此次企业调查分两种形式:一是问卷调查,共收回有效问卷(包括纸质问卷、电子问卷)137 份;二是企业实地调查及访谈,先后对温州哈杉、冠盛、奥康、东艺等 20 多家外向型典型企业进行实地调查,对企业管理部门负责人进行访谈,受访者都能坦率地回答有关提问。这种问卷调查和企业实地调查相互配合,提高了所获信息的有效性和准确性。基本情况如下:

受访企业所从事的出口产品类别情况。137 家受访企业均为 13 大温州主导轻工生产型企业,其中出口鞋类占 13.1%,出口服装及衣着附件占 4.4%,出口眼镜占 5.1%,出口机电产品及汽摩配件占 37.3%,出口打火机占 7.3%,其他占 32.8%。

受访企业出口贸易情况。以一般贸易出口为主的企业占 81.1%,以加工贸易出口为主的企业占 16.8%,二者都有的占 2.1%。

受访企业出口市场划分情况(其中部分企业选择 2 个或 2 个以上市场)。出口美国市场占 35.0%,出口欧洲市场占 61.3%,出口俄罗斯市场占 29.2%,出口日本市场占 18.2%。温州民营企业主要以美国及欧洲为主要市场。

3.4.1 对外贸易主要影响因素的因子分析

课题组将影响温州出口贸易的因素拟归纳为以下直接或间接的六个因子,即危机因子、汇率因子、政策因子、研发因子、品牌因子、竞争因子。企业对出口贸易的影响程度大小,分为四个不同等级的评价:1=不大;2=较大;3=大;4=很大。经受访企业评价后获得相关数据。

通过 SPSS 16.0 软件对样本数据进行分析处理,因子分析前首先对量表进行 KMO 样本充足度测度(Kaiser-Meyer-Olkin Measure of Sampling Adequacy)和巴巴特莱特球体检验(Bartlett's Test of Sphericity)。本文中的因子分析应用主成分分析法来提取公因子,并通过方差最大化正交旋转法获得各因子的载荷值。

出口主要因素 KMO 检验分析如表 3-8 所示:

表 3-8　主要因素的 KMO 和 Bartlett's Test

Kaiser-Meyer-Olkin Measure of Sampling Adequacy.		0.797
Bartlett's Test of Sphericity	Approx. Chi-Square	483.007
	df	91
	Sig.	0.000

表 3-8 给出了 Bartlett 球度检验的概率 p 值为 0.000,即假设被拒绝,也就是说,可以认为相关系数矩阵与单位矩阵有显著差异。同时,KMO 值为 0.797,根据 KMO 度量标准可知,原变量适合进行因子分析。

出口主要因素的因子分析如表 3-9 所示:

表 3-9 主要因素的因子分析

	Component					
	F_1 危机因子	F_2 汇率因子	F_3 政策因子	F_4 研发因子	F_5 品牌因子	F_6 竞争因子
1.遭遇国际贸易壁垒	0.750	0.025	0.144	0.294	−0.039	0.302
2.全球金融危机	0.747	0.224	0.091	0.106	0.339	−0.052
3.国际市场需求降低	0.883	−0.122	0.378	0.189	0.014	0.603
4.人民币汇率升值	0.060	0.800	0.057	0.073	−0.035	0.265
5.周边国家的货币贬值	0.134	0.767	0.545	−0.162	0.503	−0.198
6.新劳动法颁布与实施	0.119	−0.058	0.702	0.345	0.572	0.026
7.缺乏产业扶持	0.039	0.095	0.861	0.251	0.133	0.089
8.产品研发及创新不足	0.144	0.250	0.078	0.860	0.079	0.052
9.缺乏专业人才	0.167	0.111	0.059	0.916	0.054	0.004
10.产业整体品牌效应不明显	0.084	−0.072	0.038	0.234	0.855	0.072
11.缺乏品牌及营销	0.441	−0.021	0.022	−0.017	0.754	0.152
12.周边国家的同行竞争	−0.010	0.202	0.048	0.233	−0.188	0.788
13.国内同行竞争	0.086	−0.115	0.152	0.033	0.169	0.730

表 3-9 可以反映出主因子和原始变量之间的相关程度。第一主因子 (F_1) 在 1、2、3 变量上负载显著,负载值均在 0.7 以上,集中反映了国际市场和金融危机的主要因素,故可将第一个主因子解释为"危机因子";第二主因子 (F_2) 在 4、5 上负载显著,集中反映了货币和汇率因素,可以解释为"汇率因子";第三主因子 (F_3) 在 6、7 上负载显著,第四主因子 (F_4) 在 8、9 上负载显著,第五主因子 (F_5) 在 10、11 上负载显著,第六主因子 (F_6) 在 12、13 上负载显著,分别解释为"政策因子"、"研发因子"、"品牌因子"、"竞争因子"。这 6 个主因子的特征累计解释了总体方差的 98.610%。

3.4.2 主要因素给企业带来影响的回归分析

各种主要因素对出口贸易的影响拟体现以下四个方面:出口业务量减少、出口利润减少、出口地区变化、收汇风险变化。根据前面所述的四个等级进行评价(1=不大;2=较大;3=大;4=很大),获得相关数据。下面拟对主要因素影响企业出口贸易的四个方面进行回归分析。

出口业务量减少比例回归分析如表 3-10 所示。

表 3-10　出口业务量减少比例回归分析

Model	Unstandardized Coefficients		Standardized Coefficients	t	Sig.
	B	Std. Error	Beta		
(Constant)	3.025	0.146		20.720	0.000
F_1	0.124	0.155	0.306	5.607	0.045
F_2	0.135	0.132	0.108	1.024	0.009
F_3	0.445	0.154	0.175	2.884	0.005
F_4	0.165	0.147	0.120	1.125	0.014
F_5	0.066	0.153	0.046	2.431	0.038
F_6	0.171	0.139	0.131	1.225	0.024

由此得到 Y_1 回归方程：$Y_1 = 0.306F_1 + 0.108F_2 + 0.175F_3 + 0.12F_4 + 0.046F_5 + 0.131F_6$，从该回归方程可知，出口业务量减少（$Y_1$）主要受危机因子（$F_1$）、政策因子（$F_3$）、竞争因子（$F_6$）的影响。其中受危机因子的影响最大，影响系数达到 0.306，全球金融危机对各国的经济产生了严重的影响，致使国际市场需求下降，直接影响了出口订单，导致业务大幅减少，尤其附加值较低的温州服装、鞋类等产品出口受到的影响特别明显，在此次危机中出口业务量相对以前减少了许多；其次地区外贸对政策因素也表现出敏感性较强；周边国家及国内同行竞争日益激烈导致订单的流失，也较大程度地影响出口业务量。

出口利润减少比例回归分析如表 3-11 所示。

表 3-11　出口利润减少比例回归分析

Model	Unstandardized Coefficients		Standardized Coefficients	t	Sig.
	B	Std. Error	Beta		
(Constant)	2.570	0.113		22.719	0.000
F_1	0.083	0.123	0.068	0.674	0.002
F_2	0.946	0.114	0.180	3.399	0.041
F_3	0.196	0.110	0.140	1.790	0.027
F_4	0.105	0.115	0.092	0.915	0.0.02
F_5	−0.019	0.113	−0.077	−0.168	0.037
F_6	0.175	0.110	0.160	1.593	0.015

由此得到 Y_1 回归方程：$Y_2 = 0.068F_1 + 0.180F_2 + 0.140F_3 + 0.092F_4 - 0.077F_5 + 0.160F_6$。从回归方程 Y_2 中可知，出口利润减少主要受到汇率因子（F_2）、政策因子（F_3）、竞争因子（F_6）的影响。其中人民币大幅升值使外贸企业无法预期及控制成本，对企业出口利润已经带来明显影响，成为企业最为担心的因素；新劳动法颁布及实施等政策因素，以及劳动力结构性短缺大大提高了企业出口成本，从而降低了企业出口利润；周边国家及国内同行竞争也会降低企业对外谈判的议价能力，从而降低经营利润；品牌因子对出口利润起到了一定的正面刺激作用，如果企业在出口地区享有较高品牌知名度，出口企业的利润相对不会减少，换句话说，企业的出口利润会相对增加。

企业出口地区影响大小回归分析如表 3-12 所示。

表 3-12　企业出口地区影响大小回归分析

Model	Unstandardized Coefficients		Standardized Coefficients	t	Sig.
	B	Std. Error	Beta		
(Constant)	2.034	0.075		27.064	0.000
F_1	0.086	0.076	0.103	1.128	0.022
F_2	0.066	0.076	0.005	0.878	0.031
F_3	0.025	0.075	0.031	3.335	0.038
F_4	-0.061	0.075	-0.073	-0.804	0.023
F_5	0.014	0.075	0.017	0.183	0.045
F_6	0.004	0.075	0.080	1.059	0.050

由此得到 Y_1 回归方程：$Y_3 = 0.103F_1 + 0.005F_2 + 0.031F_3 - 0.073F_4 + 0.017F_5 + 0.080F_6$。从回归方程 Y_3 可知，出口地区变化主要受危机因子（F_1）、竞争因子（F_6）的影响。受金融危机的影响导致出口地区需求下降，企业从需求下降地区取得较少的订单，企业会相应地改变出口地区的出口比重，或提高国内市场的销售份额或者开拓国际新兴市场；周边国家及国内同行竞争导致对国际市场的重新布局，也影响了出口地区的变化；研发因子对出口地区有一定的抑制作用，企业通过不断技术研发，产品升级等手段继续扩大对市场的出口比重和出口量，由此出口地区的变化就会相对较小。

收汇风险大小回归分析如表 3-13 所示。

表 3-13　收汇风险大小回归分析

Model	Unstandardized Coefficients		Standardized Coefficients	t	Sig.
	B	Std. Error	Beta		
(Constant)	2.000	0.072		27.612	0.000
F_1	0.138	0.073	0.168	1.898	0.047
F_2	0.071	0.073	0.110	0.973	0.033
F_3	0.073	0.073	0.068	1.999	0.020
F_4	0.016	0.073	0.028	1.454	0.049
F_5	−0.068	0.073	−0.083	−0.936	0.031
F_6	0.091	0.073	0.086	1.247	0.015

由此得到 Y_1 回归方程：$Y_4 = 0.168F_1 + 0.110F_2 + 0.068F_3 + 0.028F_4 - 0.083F_5 + 0.086F_6$。从 Y4 回归方程可知,收汇风险变化主要受到危机因子(F_1)、汇率因子(F_2)、竞争因子(F_6)的影响。金融危机的影响越大,企业所面临的收汇风险也越大,国外客户的财务困难或倒闭导致付款不及时或拖欠等引起收汇风险的增加。然而品牌因子(F_5)在企业收汇方面可以起到一定的正面效应,知名品牌意味着拥有更好信誉,相对于其他中小企业,使企业能够在更短的时间收到外汇,具有相对较强的国际结汇时间优势,更能使企业在金融危机的背景下保持更高资金的流动性,具备更强的抵御外部风险的能力。

根据回归结果得到六个主要因素影响企业外贸的概念模型图(图 3-2):

根据上述回归分析结果,可以得出基本结论:出口业务量减少主要受政策因子、危机因子、竞争因子影响,并且受政策因子的影响最大;汇率因子是出口利润减少的最大因素;危机因子、竞争因子对出口地区变化的影响较为显著;收汇风险变化主要受到危机因子、汇率因子、竞争因子的影响。此外,品牌因子对出口利润、收汇风险方面起到了一定的正面刺激作用;研发因子对出口地区变化也有一定的抑制作用。

3.4.3　企业采取对策及效果分析

根据前期调研,课题组设计了 13 个相关对策,要求企业就对应的选项进行选择,并对对策效果进行评价,课题通过量表统计分析,结果如表 3-14 所示。

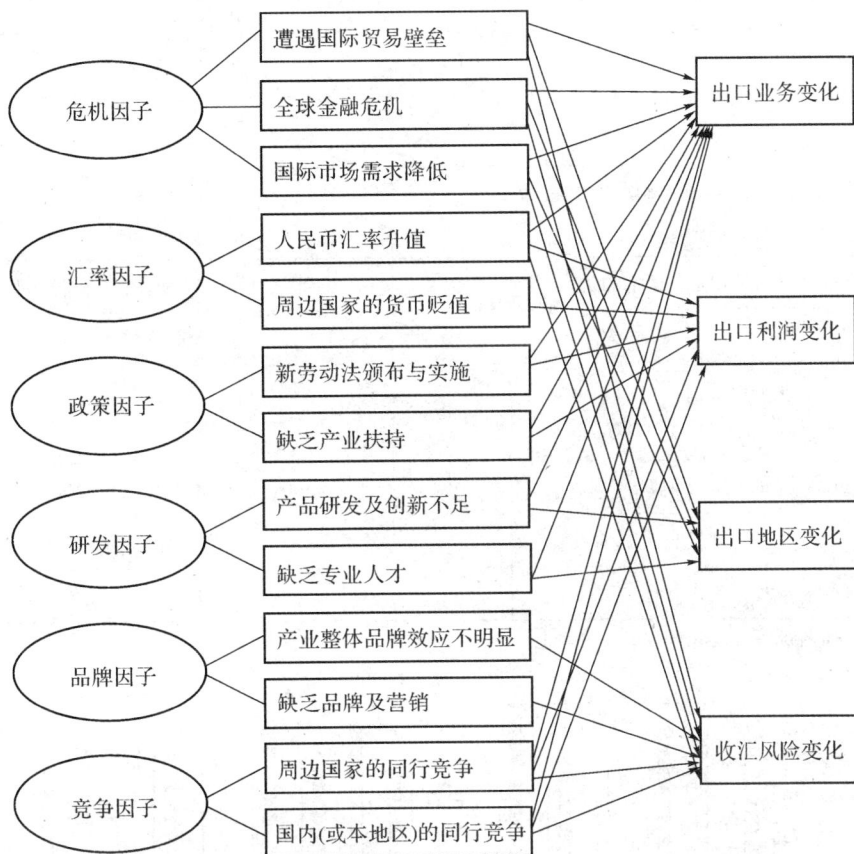

图 3-2　六个主要因素影响企业外贸的概念模型图

表 3-14　企业采取对策及效果统计结果

序号	企业应对对策	曾采取对策的企业总数(家)	效果		
			好(家/%)	一般(家/%)	不好(家/%)
1	提高产品附加值	95	46/48.42	46/48.42	3/3.16
2	重新谈判产品价格(提高产品价格)	106	21/19.81	59/55.66	26/24.53
3	节约及降低生产成本	117	66/56.41	44/37.61	7/5.98
4	减少用工人数或薪酬支出	79	18/22.78	39/49.37	22/27.85
5	增加内销比重	89	35/39.33	37/41.57	17/19.10
6	开拓海外新兴市场	99	56/56.57	36/36.37	7/7.07

序号	企业应对对策	曾采取对策的企业总数(家)	效果		
			好(家/%)	一般(家/%)	不好(家/%)
7	将生产基地迁移到生产成本更低的国家	56	10/17.86	22/39.29	24/42.86
8	增加原材料、成品的进口	58	9/15.52	26/44.83	23/39.66
9	提前收汇,预收货款	83	27/32.53	47/56.63	9/10.84
10	投保出口信用保险以防收汇风险	70	32/45.71	34/48.57	4/5.71
11	加大研发及创新	100	56/56.00	38/38.00	6/6.00
12	培育及开发自主品牌	84	42/50.00	37/44.05	5/5.95
13	加大专业人才引进及培养	83	37/44.58	41/49.40	5/6.02

资料:作者根据调研数据整理而得。

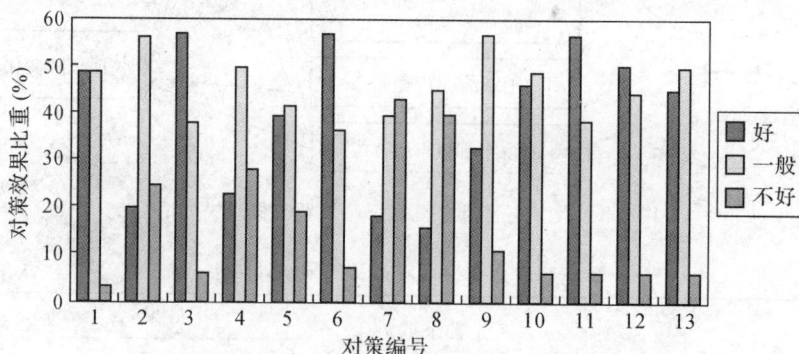

图 3-3 关于采取相应对策的效果数据图

3.4.3.1 最被广泛采用的对策

在所有对策中,最被广泛采用的五个对策分别是节约及降低生产成本(117 家)、重新谈判产品价格(提高产品价格)(106 家)、加大研发及创新(100 家)、开拓海外新兴市场(99 家)、提高产品附加值(95 家);最少采用是将生产基地迁移到生产成本更低的国家(56 家)、增加原材料及成品的进口(58 家)、减少用工人数或薪酬支出(79 家)。

3.4.3.2 最被广泛采用的五个对策的效果分析

关于节约及降低生产成本的对策,有66家企业认为此项在应对金融危机方面效果较好、较为理想占参与问卷调查企业数的56.41%,同时也有37.61%的企业认为该对策效果一般,而有7家企业认为此对策效果不好。大多数企业认为在受全球金融危机的影响下,企业应该努力节约和降低生产成本,以此提高企业利润额来抵消金融危机所带来的负面影响。

关于重新谈判产品价格(提高产品价格)的对策,半数以上的企业(59家)认为此项对策效果一般,24.53%的企业认为该对策效果不好,而认为效果较好的企业有21家占总数的19.81%。多数企业认为在金融危机背景下不宜与外商重新谈判价格或者提高产品价格,这样不仅有损于企业形象,而且不利于其后更深入的合作。

关于加大研发及创新的对策,在参与调查的企业中,有56%的企业认为收效较好、较为满意,38%的企业认为收效一般,而只有6%的企业认为收效不好。企业通过加大研发及创新力度,不仅有利市场扩容的优势,使产品在市场上更具竞争优势。企业应紧跟环保、低碳将成为创新的研发趋势,通过应用科技手段实现生态环保材料的应用,逐步减少自然资源消耗。

关于开拓海外新兴市场的对策,在参与调查的企业中总共有99家企业曾采取过此项策略,有56家企业觉得效果较好占总数的56.57%,36家企业认为效果一般占总数的36.37%,7家企业认为效果不好占总数的7.07%。企业应不断积极拓展美国、欧盟以外的市场,包括印度、巴西、阿根廷等新兴国家的市场,进一步降低出口地区的过度集中与依赖,稀释美国、欧盟市场的贸易比重,构建出口地区结构多元化、合理化。

关于提高产品附加值的对策,在参与调查的企业中总共有95家企业曾采取过此项策略,各有46家企业认为此项对策效果较好和一般各占总数的48.42%,只有3.16%的企业认为该策略效果不好。

3.4.3.3 关于最不被广泛使用的三个对策的效果分析

关于将生产基地迁移到生产成本更低的国家的对策,在137家受访企业中有56家曾采取此项措施,42.86%的企业认为该措施效果不好,39.29%的企业认为效果一般,只有17.86%的企业认为效果较好。将生产基地迁移到生产成本更低的国家,不仅会面临着文化差异、所在国工会的压力,而且所在国的政局也会给企业的正常经营增加一些不确定性。

关于增加原材料及成品的进口的策略,在137家受访企业中有58家曾采取此项措施,认为该对策效果一般和不好的企业分别有26家和23家各占

44.83％和39.66％,有15家企业认为此项对策效果较好。

关于减少用工人数或薪酬支出的对策,在调查过程中发现,有49.37％的企业认为采取此项措施效果一般,有27.85％的企业认为效果不好,而有22.78％企业认为效果较好。

3.4.3.4 企业对政府的建议

课题组设计相关问题,采用多选形式,问题如下:

A. 搭建与提供开拓国际市场的多种平台与渠道。

B. 给予政策倾斜,扩大公司跨国经营在资源配置上的自主权。

C. 简化境外投资审查手续,加强对境外企业后续融资的政策支持。

D. 完善外汇体制管理,放宽企业和个人的用汇政策规定提高企业可保留外汇比例。

E. 增加对企业自主创新的财政资金支持。

F. 其他。

经过统计分析,18％的企业选择了ABCDE选项,7％的企业选择ABCD,15％的企业选择ADE,10％的企业选择A,8％的企业选择AE,27％的企业选择其他选项(如图3-4所示)。可见,40％企业选项在3项及以上,说明企业希望政府采取一揽子优惠及扶持政策,期望出台搭建开拓市场的平台与渠道、扩大跨国经营在资源配置上的自主权、简化境外投资审查手续、放宽外汇管理、增加财政资金等相关政策。

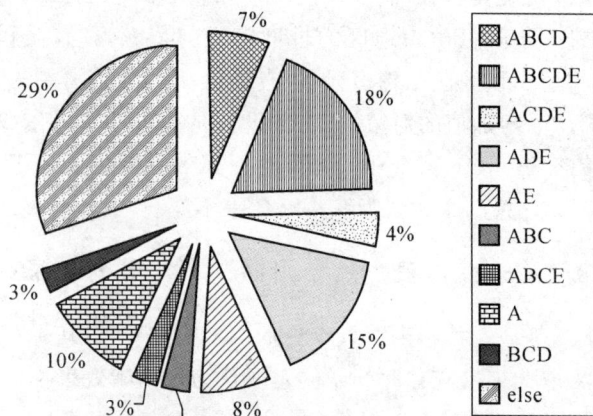

☒	ABCD
▥	ABCDE
▧	ACDE
▦	ADE
▨	AE
▨	ABC
■	ABCE
▦	A
■	BCD
▨	else

图 3-4 关于企业对政府的政策建议

受金融危机的影响导致国际市场需求下降,温州民营出口企业缺乏有效进入国际市场的平台,由此政府应积极向企业搭建和提供开拓国际市场的平台或通道。在金融危机的冲击下,大多数企业面临着资金短缺、融资困难的问题,部分企业存在歇业、停产或者倒闭的现象,因此政府应采取相应的措施缓解企业融资难的问题:加快建立中小企业担保机构,为企业提供贷款担保;加紧为地县担保机构建立再担保机构,把担保功能放大,增加贷款额度;支持企业在二级板块上市、直接融资,支持企业捆绑发集合债,同时搭建平台让大企业支持小企业;增加企业发展专项资金;为企业在技术咨询、管理咨询、培训开拓市场方面搭建平台、互相交流,提升企业自身的经营管理水平。

3.4.4 企业对行业协会的期望

课题组设计相关问题,采用多选形式,问题如下:

A. 针对金融危机给企业带来的心理影响,帮助企业提振产业信心。

B. 协助解决企业融资难的问题。

C. 提出扶持产业发展的意见和建议,有效地发挥行业商会在政府与企业之间的桥梁与纽带作用。

D. 搭建平台与渠道,协助企业开拓市场。

E. 其他。

经过统计分析,26%的企业选择了 ABCD 选项,20%的企业选择了 BCD 选项,21%的企业选择了 CD 选项,8%的企业选择了 BC 选项,8%的企业选择了 D 选项。可见,46%企业选择 3 项及以上(如图 3-5 所示)。在金融危机的冲击下,国际需求下降,制造业产能过剩,企业急需能够为其解决产品的出口及企业发展资金问题,企业希望行业协会能够协助解决融资难的问题和搭建平台与渠道,协助企业开拓市场,开拓产品的出口多种通

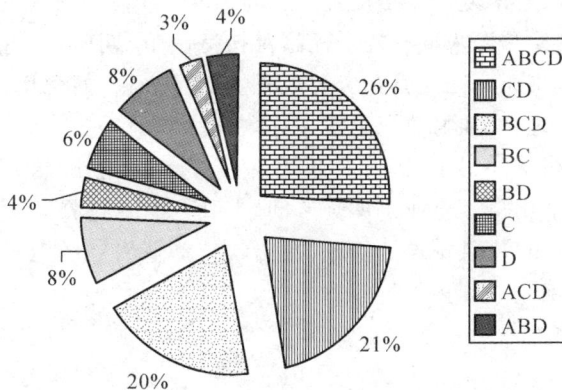

图 3-5 关于企业对行业协会的期望

道。积极发挥行业协会的作用,为企业提供有关的咨询服务,提出扶持产业发展的意见和政策建议,有效发挥行业商会在政府与企业之间的桥梁与纽带作用。

3.4.5　结论与对策

本章重点对问卷调查分析结果进行总结,得出基本结论,并从政府、企业、协会三个层面提出应对政策及建议。

3.4.5.1　初步结论

(1)影响因素。通过归类分析,课题组将13个子因素归类为5个公共因子,即危机因子、汇率因子、政策因子、研发因子、品牌因子及竞争因子,明确并描述了影响温州外贸发展五类主要因素。

(2)影响程度。根据上述回归分析结果,可以得出基本结论:出口业务量减少主要受政策因子、危机因子、竞争因子影响,并且受政策因子的影响最大;汇率因子是出口利润减少的最大因素;危机因子、竞争因子对出口地区变化的影响较为显著;收汇风险变化主要受到危机因子、汇率因子、竞争因子的影响。此外,品牌因子对出口利润、收汇风险方面起到了一定的正面刺激作用;研发因子对出口地区变化也有一定的抑制作用。

(3)对策及效果的调查结果。企业采取的对策及效果不同。在13种拟定的对策中,最被企业广泛采用的五个对策分别是:节约及降低生产成本、重新谈判产品价格、加大研发及创新、开拓海外新兴市场、提高产品附加值。最少采用的是:将生产基地迁移到生产成本更低的国家、增加原材料及成品的进口、减少用工人数或薪酬支出。

企业希望政府采取一揽子优惠及扶持政策。40%企业选项在3项及以上,说明企业希望政府采取一揽子优惠及扶持政策,期望出台搭建开拓市场的平台与渠道、扩大跨国经营在资源配置上的自主权、简化境外投资审查手续、放宽外汇管理、增加财政资金等相关政策。

在金融危机的冲击下,国际需求下降,制造业产能过剩,企业急需能够为其解决产品的出口及企业发展资金问题,46%企业选择3项及以上,即行业协会能够协助解决融资难的问题、提出扶持产业发展的意见和建议、搭建平台与渠道协助企业开拓市场等。

3.4.5.2 对策建议

(1)政府层面

拟从"进出口并举、走出去外拓、规避收汇风险、规范企业秩序"四个方面着手,着力改善贸易结构,大力拓展贸易空间,有效防范风险,以结构优化应对各种不利因素,为企业对外贸易提供强有力的保障。

加大扶持企业开拓国际市场的力度。提前规划温州产品参加海外展会活动,重点支持海外展会、其他国内国际性展会和企业自行参加的展会的展位费、展品运输费等;充分利用境外中国商品城的平台作用,推进温州产品与海外商城的对接工作,重点开拓与温州市产品相适应的市场;要继续做好出口基地和出口品牌的建设,鼓励企业在国外注册自主商标和专利,充分发挥现已拥有的区域品牌金名片的作用,发挥行业区域品牌内在价值。

推动进口贸易发展。从总体上更加重视进口工作,推动对外贸易从以鼓励出口为主向进出口平衡增长转变,推动进出口协调发展;积极利用当前国际市场需求低迷、设备价格回落以及国家和浙江省支持鼓励先进技术设备引进的契机,努力引导我市企业扩大国外先进技术设备和关键零部件的进口规模,充分利用先进技术的引进提高企业竞争力和附加值,让进口与技术引进成为产品出口的催化剂;努力引导我市企业从国外进口能源、原材料等国内短缺资源,降低企业生产成本,提高企业的价格竞争力水平。

加快企业"走出去"步伐。温州应加大对境外工业园扶持力度,继续做好俄罗斯康吉、越南龙江等国家级境外工业园的招商工作,美国通领工业园和乌兹别克斯坦皮革工业园的前期工作;大力实施跨国公司培育工程。抓住跨国并购合作的有利时机,出台本土跨国公司的发展规划和支持办法,重点扶持行业龙头企业和优质企业,着力打造具有全球视野、立足全球市场、全球资源配置的本土跨国公司;支持和鼓励行业协会、龙头企业在重点出口和投资集中的国家地区设立企业境外服务平台,为企业提供各种服务;扶持企业"走出去"开展跨国并购,在全球经济不景气之际,极有可能以相对低价收购国外知名品牌企业,提升自身企业的竞争力。

完善收汇风险规避体系。完善人民币升值风险规避措施,鼓励引导企业通过远期金融市场和多种货币结算等手段规避人民币升值和其他货币汇率波动带来的损失,降低结汇风险;抓住我国开展跨境人民币结算业务试点工作的契机,鼓励企业尽快加入试点企业体系;加大出口信用保险费用补贴幅度,鼓励企业开展出口信用保险,消除企业收汇风险的后顾之忧。

加强及规范外贸秩序建设。引导行业协会规范本行业企业生产和出口竞争秩序,采取措施遏制本行业价格竞争,防止因企业恶性竞争而扰乱出口秩序;建立并完善反倾销预警机制,强化行业协会在传递国外反倾销信息中的作用,引导企业提高反倾销意识,增加反倾销调查的应诉知识;通过重点地区、重点商品公平贸易工作的试运行,探索建立一套政府指导、行业规范和企业自律的贸易摩擦应对工作机制。

(2)企业层面

拟从"调整市场、降低成本、加强研发、风险管理"四个方面入手,扩大贸易领域,有效化解成本,提高产品附加值及规避结算风险,以内涵发展来应对各种不利因素,从而实现外贸的持续发展。

适时调整出口市场。金融危机及国际市场的需求下降已经对温州民营企业出口业务造成较大的影响,企业应适时地调整出口贸易战略。企业应尽早做好从单一出口转向国内贸易、国外进口等市场布局,以此来分散危机的集中释放。同时,应调整出口地区结构,深度开发新兴市场,同时也可适当地提高内销比例,扩大企业产品在国内销售份额。

多渠道降低成本。在人民币升值不断持续升级、劳动力短缺带来的用工成本上涨等对利润带来冲击的前提下,企业只有通过内部控制管理才能降低由此带来的不良影响。企业应改变管理效率低下、成本控制不过关、甚至浪费的现象,而应在研发、生产、营销等各个环节上节约成本,以此来消化各种外界因素导致的"额外"成本(奥康集团在金融危机期间成立的成本处是一个例子)。

加强企业品牌及研发。以产品为中心,提升自主创新能力,积极加强国际间的合作,加强与跨国企业的交流,吸收学习其先进的企业营销理念。同时集中精力进行产品研发,不断推出新产品和服务来满足消费者需求,增强品牌的核心竞争力,由此减缓各种不利因素对业务的影响。

应加大出口信用保险。金融危机带来的各种间接因素,导致外商付款不及时或拖欠,增加了企业收汇风险,出口企业从事国际贸易的信用风险程度明显加大,为此企业应大力投保出口信用保险业务,为企业出口外贸生意系上"保险带",同时还可提前收汇,预收货款,减少由此带来的损失。同时,应了解人民币结算业务试点企业的要求,尽快纳入试点企业体系,实现人民币结算。

(3)行业协会层面

充分发挥行业协会的政策参与作用。国外一些资料显示,行业协会在帮助企业顺利度过金融危机等特殊时期有着十分重要的作用。而温州实践也初步证明这一点。温州合成革商会今年在开拓市场方面帮助企业做了不少工作并取得成效,2009年合成革行业整体出口免受外部环境的影响而保持增势。一是及时掌握行业发展动态与市场信息；二是为本行业的企业参加国际展会提供扶持与帮助，做好组团与服务工作；三是规范企业竞争行为，避免同行企业对劳动力的相互争夺、价格的恶性竞争等；四是加强政策参与，为政府提供行业信息，参与相关优惠与倾斜政策的政策咨询与制定，为产业发展谋求更大的政策空间。

温州经济在历次经济调整中，均能很快走出低谷，反映了温州经济适应市场的自发特性。本次危机，则更是对温州经济增长转型能力的考验，相信处于危机风口浪尖的温州外贸企业会率先给我们一个惊喜。

4 民营企业吸引外资：国际化发展

民营企业吸引外资为国际化发展阶段。本章在国内外吸引外资相关理论综述基础上，阐述了我们利用政策演变过程；以1984—2007年温州数据为例，对民营企业吸引外资实践进行纵向考察与评价，通过195家温州民营企业问卷调查，对民营企业吸引外资的动因、效应及环境等进行实证研究。

4.1　相关理论综述

国际投资作为国际经济活动重要形式之一，引起国内外学者的关注，研究成果十分丰富。本章在查阅大量文献基础上，对该领域的研究进行梳理与总结。有关研究主要围绕以下几个方面：动因、效应与区位选择等展开。与本课题相关的民营企业吸引外资研究尽管开始受到人们的关注，但研究成果仍处于起步阶段。

4.1.1　国际投资动因分析

国外对国际投资动因的研究成果丰富，代表性研究有垄断优势理论（海默，1960；金德尔伯格，1969）、内部化理论（巴可利、卡森，1978；拉格曼，1981）、产品周期理论（弗农，1966）、边际产业论（小岛清，1978）、国际生产折中理论（邓宁，1981）等，尤其是国际生产折中理论在垄断优势理论与内部化理论的基础上创新性引入区位优势，突出国际投资中区位优势的重要地位，成为理论研究的一个重大里程碑。美国经济学家钱纳里(H. B. Chenery)和斯特劳特(A. M. Strout)的"双缺口理论"对发展中国家利用外资弥补国内资金短缺作了理论分析。该理论认为,发展中国家的国内储蓄和外汇供给与发展所需的资金通常存在着缺口,其中,投资所需的国内储蓄短缺称为"储蓄缺口",进口商品所需的外汇短缺称为"外汇缺口",而引进外资可以弥补这两个缺口。之后,德国经济学家迪特·班德尔提出了"三缺口"理论,在两缺口的基础上增加了技术缺口;托达罗等人则提出了"四缺口"理论,在两缺口的基础上增加了政府税收缺口和生产要素缺口,并指出,利用外资也可以一定程度地弥补后两个缺口。这些理论说明了利用外资有利于解决发展中国家经济的缺口问题,对发展中国家经济产生积极推动作用。[①]

4.1.2　吸引外资效应分析

20世纪70—80年代,对FDI溢出效应的研究逐渐兴盛,发展至今已成为FDI研究领域中的一个重要分支。主要围绕三个方面展开:①FDI溢出效应是否存在的国别研究。Caves(1974)、Globerman(1979)、Blomstorm(1986)、Flores等人(2000)等的研究认为,不同国家产生的溢出效应有着很大的区别,在一些国家甚至产生了负面溢出效应。②FDI溢出效应的影响因素的研究。在国别实证结果的基础上,Findlay(1978)、Kokko(1994)、Nigel和James(2002)等的研究认为外资数量、东道国国内各产业的竞争程度、当地企业对新技术的吸收能力以及与外资企业的技术差距、外资企业类型等是影响FDI溢出效应的主要因素。③关于FDI对中国的溢出效应的评估。中国的外资经济发展引起了国内外学者对该问题的关注。朱廷珺(2005)认为,在总体上,就这一问题,国外的大多数研究并不支持溢出论,但国内学者较国外学者更为乐观。代表性的成果有,国外学者Ping Lin和Stephen Young(1996)采用中国大连的数据进行研究,得出结论是,技术转移是一个复杂的过程,转移有效与否是由转移过程中的关键构件,如技术发送者、接受者、母国、东道国政府、环境和技术本身决定的。国内学者关于FDI对我国的溢出效应也一直存在着争议,大致有两种观点:正效应,这是大多数研究的共同结论,认为FDI能够促进创新能力(裴长洪,1998;王春法,2004;许罗丹、谭卫红、刘民权,2004;严兵,2005等;邹昭晞、李志新,2008);负效应或积极效应不明显(王允贵,1996;陈涛涛、白晓晴,2004等)。

---

① 转引自:李文星、尹鹏程:《构建地方政府利用外资的科学机制》,国际经济合作,2007年第5期,20—23。

4.1.3 国际资本区位选择

如克鲁格曼(Krugman,1991)、Smith and Florida(1994)、惠勒和莫迪(Wheeler and Mody,1992)、Dunning(2002,中译本)等的研究认为信息成本最低化行为导致外商偏好某一些区位,其中集聚经济对FDI区位选择决策的影响很大。基于规模收益递增和外在经济性,克鲁格曼(Krugman,1991)解释了工业活动的集中性,实证研究表明,集聚经济对外商直接投资的区位选择具有重要的影响。惠勒和莫迪(Wheeler and Mody,1992)将集聚经济定义为基础设施质量、工业化水平和利用外资水平等的函数,并发现集聚经济和市场规模决定了美国公司在发展中国家的区位选择。集聚经济也是日本公司在美国进行直接投资的重要区位决定因素(Smith and Florida,1994)。要想在吸引外资方面取得卓越成就,需要致力于在当地培养一大批相关价值增值活动的产业链,作为增强外资吸引力的重要手段(Dunning,2002,中译本)。国内学者贺灿飞、魏后凯(2001)认为,外商在华直接投资的区位选择取决于信息成本和集聚经济变量。此外,人力资本也是重要的区位因素。外商直接投资通过产业集群可以获得比原先更大的市场利益,产业集群是聚集外资的一个很好的载体(徐康宁、陈奇,2003)。梁琦(2003)的研究认为,优惠政策不再是吸引外资的主要因素,地区的开放度和产业集群所产生的关联效应,才是外商投资区位选择的最主要驱动力;王辑慈(2007)的研究认为,通过吸引外资(外联)促进本土产业转型升级,反过来,产业集群为外资落户提供了良好的产业基础。总之,上述研究都表明FDI区位选择与产业集群有着很强的相关性。

4.1.4 民营企业吸引外资的专项研究

以往关于温州模式的研究很少涉及民营企业吸引外资的问题。史晋川、朱康对(2002)对"温州模式"研究做了文献综述(截止2000年底的文献),概括为定义、内涵与特征、区域经济发展、经济制度变迁、人文精神透视、海外视角研究、进一步的展望等六个方面,其中没有涉及企业吸引外资问题的研究。查阅2001—2007年温州经济研究的相关文献,少数学者(或机构)开始关注这个问题,代表性的观点有,世界银行发展研究部发布了全国23个城市投资环境调查报告认为,温州的投资环境不理想,被列为B(共有A+至B+六个等级)。林俐(2004)认为温州民营企业发达、民间资本充裕与海外华人营销网络对FDI形成挤出效应。金佩静(2004)提出民营企业对接外资来加快产业升级。随着温州民营企业集群的发展,民资不断壮大,而外资比重一直处于底位,形成了近似"零外资"局面。骆桦、高雪芬(2006)认为嘉兴、温州两地本土企业与外资企业的联系有较大差别,总体上民营企业吸引外资嘉兴大于温州。中国社会科学院课题组(2006)认为,"以民引外,民外合璧"战略是"温州模式"的转型与发展,依托高度发达的民营企业与民营经济,通过吸引外资企业、推动民营企业与外资企业合作,进一步做大做强民营企业和民营经济,打造温州经济发展的"双引擎"。林俐(2007)认为温州"民外合资"趋势的出现,虽与当地政府的鼓励与扶持有着直接的关系,但总体上,民外合资主要体现为企业行为,中外双方在实施合资战略时有着较为明确的微观动机:引进外方先进技术、改造管理模式、提升品牌知名度、利用外方营销渠道等。俞毅(2008)认为浙江省吸引外资实施"以民引外"战略是完全必要的;董永虹(2008)则以慈溪市为例,探讨了民营企业吸引外资与技术创新过程中存在的问题,并提出相应对策。

总之,国内外学者对吸引外资的动因、效应与区位选择等进行了大量的研究并获得丰富的成果。归纳起来,一是大多研究以发达国家特别是美日欧等国家和地区为背景的,在这些国家中存在明晰的产权制度、高度的经济自由、充分的信息流动、可靠的契约与法律结构以及进行资源配置和行为协调的市场机制为特征的成熟的、完善的、规范的市场制度;二是大多研究比较集中在国家层面和产业层面,缺乏从微观层面通过大量实证材料进行研究的成果。所以,以发展中国家地区为背景,通过企业的实证材料对民营企业吸引外资行为进行研究将非常有意义。

4.2　我国利用外资政策演变

改革开放以来,利用外资作为我国改革开放的一项重要内容,经历了从数量小、范围窄、限制多的试点阶段逐渐发展到全方位、多层次、宽领域的全面开放过程。外资已经从可有可无发展成为影响我国产业结构升级和出口的重要力量。本节将对改革开放以来我国的外资政策演变进行回顾和总结。

4.2.1　尝试引进:初创阶段(1979—1985)

转变指导方针,由排斥外资转向利用外资;设立经济特区和沿海经济开放区,实行特殊灵活和优惠的外资政策;开始制定外资法规,1979 年 7 月第五届全国人大第二次会议通过了《中华人民共和国中外合资经营企业法》,这是我国第一部吸收外商投资的法律;成立外资管理的专门机构,1979 年 8 月国务院设立了外国投资管理委员会,统一管理全国的利用外资工作,1982 年 3 月合并成立对外经济贸易部。

这一阶段的特点表现为:外资政策是非常粗略的,并缺乏可操作性,对外资流入实行限制的特点非常突出,且没有形成全国统一的外资政策体系。此外,由于思想上仍然对外资存有疑虑,加之缺乏经验及相关法律法规的欠缺,此时外资政策具有审批较严,优惠较少的特点。最初两年所有项目都须报中央批准,尔后一部分项目可由地方审批,但 300 万美元以上的项目仍须由中央批准,地方审批权限小;引进外资仅限于沿海经济特区,引进外资区域小,投资形式比较单一。1979—1985 年我国合计利用外资 216.05 亿美元,其中外商直接投资 47.18 亿美元,其他的基本上为对外借款。这一阶段的努力为我国进一步引进外商投资积累了必要的经验。

4.2.2 推行优惠政策:发展阶段(1986—1991)

这一阶段的主要举措为:进一步明确利用外资在中国经济发展中的重大意义以及利用外资的指导思想和战略部署;建立了一系列利用外资的法规体系,包括 1986 年 10 月,国务院颁布《关于鼓励外商投资的规定》,接着外经贸部、财政部、国家工商总局等机构相继出台《中华人民共和国外资企业法》、《指导吸收外商投资方向暂行规定》、《中华人民共和国中外合作经营企业法》、《中华人民共和国外商投资企业和外国企业所得税法》等;通过简化审批手续、开办外汇调剂市场、清理乱收费等加强软环境建设,在税收方面给予外资更多的优惠减免政策,建立针对外资的分级管理体制。

这一阶段的特点表现为:在指导思想上已经完全确立了积极利用外资的观念,对外资的限制不断减弱,允许外资进入的规模和领域不断扩大;外资政策激励的重点由间接投资转向直接投资;尽管仍然对外资实行一定的限制,但实行鼓励和优惠的特点更加明确;形成了全国统一的外资政策体系。

在这个发展阶段,我国开始由被动的"允许"利用外资向主动的"吸引"外资转变,优惠政策成了推动我国引进外资的直接动力。引进外资规模扩大显著,投资形式也开始发生巨大转变。1986—1991 年我国合计利用外资 578.38 亿美元,其中外商直接投资 168.28 亿美元,外商直接投资占利用外资总额的平均比重为 29.10%,仍以对外借款为主。

4.2.3 "市场换技术"战略:调整阶段(1992—2001)

1992 年邓小平南方讲话的发表,对前期改革开放的道路加以肯定,我国开始进入了改革开放的快车道。伴随着投资环境的逐步改善,外商对华投资的热情和信心高涨,我国也开始进入了利用外资快速发展时期。仅 1992 年一年,全国批准的协议外商投资金额为 587.36 亿美元,相当于前两个阶段的总和。1993 年达到 1107 亿美元,又比 1992 年翻了一番,该年实际利用外商直接投资 275.15 亿美元。在 1994 年,我国全年实际使用外商直接投资达 337.67 亿美元,创下了新纪录。

这个阶段的特点是以外商直接投资为主,改变了以往的以对外借款主导的局面。在 1992 年底,外商直接投资首次超过对外借款。1993 年开始,中国成为世界第二大外商直接投资流入国。1992—2003 年,外商直接投资(4764.16 亿美元)占全部利用外资(6001.16 亿美元)的比重平均达到 79.39%。而在之前,对外借款在实际利用外资中的比重一直在 60%-70% 左右。随着对外开放的深入,以及经济特区和沿海开放地区的试点,中国逐步积累了吸引外商直接投资的经验,特别是开始着眼引进外资的质量的变化,吸引一些大型的跨国公司来华投资等。

这一阶段主要是针对第二阶段利用外资实践中出现的种种问题,通过制定相应的政策加以规范,同时根据加入 WTO 的需要,逐步取消对外资的一些限制,对外资实行一定程度的国民待遇。采取的主要措施表现为:①1995 年 6 月我国重新发布了《指导外商投资方向暂行规定》,同时发布《外商投资产业指导目录》,将外商投资产业鼓励类、限制类和禁止类项目具体化。除此之外,皆为允许对外开放的领域;②1997 年 12 月,修订了《外商投资产业指导目录》,扩大了国家鼓励外商投资的范围,突出了产业重点,同时体现了鼓励外商向中西部地区投资的政策;③1999 年 8 月,外经贸部等部门就进一步鼓励外商投资制定了相关政策措施,鼓励外商投资企业技术开发和创新,加大对外商投资企业的金融支持力度。

这一阶段的特点表现为:对外资的限制大幅度取消,国民待遇原则越来越明显;对外资的优惠政策仍然很突出,但相应的规范和管理有所加强;外资政策逐步与国际惯例特别是 WTO 的规则接轨;单纯依靠优惠政策来吸引外资的倾向有所缓和,但尚没有发生根本性变化。

4.2.4 适应 WTO 的规则和承诺:完善阶段(2002 年至今)

在我国加入世贸组织后,根据 WTO 的规则和承诺,于 2002 年 3 月 4 日经国务院批准,4月1日起施行由国家计委、国家经贸委和外经贸部发布的《外商投资产业指导目录》及附件,在投资准入方面进一步开放,其主要变动如下:①将鼓励类目录由186条增加到262条,而限制类目录由112条减少到75条,大幅度放宽了行业准入限制;②扩大投资领域,逐步开放金融、保险、电信、物流等知识密集型服务业;③投资地域多样化,鼓励外商投向中西部地区,参与正在实施的中西部大开发战略;④投资方式多样化。

在积极通过投资贸易立法,来实现优良的法律软环境的同时,我国也开始对"市场换技术"这一战略进行回顾,外资企业客观上对我国的产业结构升级发挥了重要作用,但是这个阶段最重要的转变是我国利用外资开始转向自主创新的"市场导向战略"。

2004年召开的中央经济工作会议上,党中央明确提出了"自主创新是推进经济结构调整的中心环节"的重要论断;在中共中央政治局第十八次集体学习中,胡锦涛总书记再次提出"要坚持把推动自主创新摆在全部科技工作的突出位置"。2005年7月25日召开的中共中央政治局会议又强调,把自主创新作为制定"十一五"规划的着力点。我国引进外资政策正开始走向由数量到质量的转变性过渡。

此外,为了营造一个公平的竞争环境,2007年3月16日第十届全国人民代表大会第五次会议通过了新的《中华人民共和国企业所得税法》,这部在2008年1月1日开始实施的法律规定,内外资企业的所得税将按照统一的25%来征收,中国从此将逐步告别企业所得税"双轨"时代,也告别了对外资企业"逆向歧视"的时代,标志着我国的市场化进程进入了一个全新的时代,它必将对我国的引进外资以及促进利用外资质量的提高产生重大而深远的影响。经统计,1979—2007年实际利用外资总额3793.31亿美元,而且大多数年份外商直接投资占比都超过90%(见表4-1)。

表 4-1 1979—2007 年我国实际利用外资发展情况 (单位:亿美元)

年　份	利用外资总额(①)	对外借款	外商直接投资(②)	(②/①)
1979—1982	124.57	106.9	11.66	0.0936
1983	19.81	10.65	6.36	0.3210
1984	27.05	12.86	12.58	0.4651
1985	44.62	25.06	16.58	0.3716
1986	72.58	50.14	18.74	0.2582
1987	84.52	58.05	23.14	0.2738
1988	102.26	64.87	31.94	0.3123
1989	100.59	62.86	33.93	0.3373

年　份	利用外资总额(①)	对外借款	外商直接投资(②)	(②／①)
1990	102.89	65.34	34.87	0.3389
1991	115.54	68.88	43.66	0.3779
1992	192.02	79.11	110.07	0.5732
1993	389.6	111.89	275.15	0.7062
1994	432.13	92.67	337.67	0.7814
1995	481.33	103.27	375.21	0.7795
1996	548.05	126.69	417.26	0.7614
1997	644.08	120.21	452.57	0.7027
1998	585.57	110	454.63	0.7764
1999	526.59	102.12	403.19	0.7657
2000	593.56	100	407.15	0.6859
2001	496.72	27.94	468.78	0.9438
2002	550.11	—	527.43	0.9588
2003	561.4	—	535.05	0.9531
2004	640.72	—	606.3	0.9463
2005	638.05	—	603.25	0.9455
2006	—	—	694.7	—
2007	—	—	826.58	—
1979—2007	—	—	7728.45	—

资料来源:《中国对外经济贸易统计年鉴》,2000—2008 年;www. mofcom. gov. cn。

注释:《中国对外经济贸易统计年鉴》统计分类是,利用外资总额=对外借款+外商直接投资+外商其他投资,因与本项目研究无直接关系,此表略去了外商其他投资。

——表示数据暂缺,自 2002 年起无该项统计。

4.3　温州民营企业吸引外资的纵向考察

4.3.1　吸引外资发展历程

早在 1984 年,温州就被列为全国 14 个沿海开放城市之一,获得了引进外资的"准特区"权限与优惠政策。国家工商总局 1988 年首次授权包括温州在内的 14 个沿海开放城市的工商局外资企业的注册权,因此温州市工商局取得外资企业注册权比浙江省还要早。地方政府也先后发布了一系列文件,出台了一系列优惠政策,希冀模仿广东,加快区域引进外资步伐。先后出台的文件:《温州市进一步鼓励外商投资的优惠规定》《温州市鼓励台湾同胞投资的若干具体规定》《温州市土地使用权有偿出让和转让暂行办法》及《温州市外商投资企业中方人员管理暂行办法》等,但所有这些文件及关联的优惠政策,都没有起到预期作用。①

20 世纪 90 年代中期以前,温州的工业化模式除了具有企业产权制度明晰、产业主要集中于传统制造业和低技术行业等特点之外,还有一个显著特点就是资本的内源性:基本依靠民间投资驱动,最大限度地利用国内资源与国内市场。虽然世界很多地方都有温州人在经商,但温州的区域工业化模式却具有封闭性,因此,国际资本很少进入温州。经笔者测算,1984—2007年温州累计实际利用外资仅为 24.39 亿美元。如果对温州引进外资进程进行划分的话,它大致可以概括为以下三个阶段:1984—1992 年的起步阶段、1993—2002 年的徘徊阶段、2003 年以后的突破阶段。②

(1)1984—1992 年的起步阶段:1984 年温州有了第一笔协议外资 1.93万美元,实际利用外资为零。1985 年第一家中外合资企业(即温州广和塑料制品联合有限公司,成立于 1985 年 1 月 16 日,现已被注销)在温州落户,到1992 年已有各类外商投资企业 302 家,总投资额 4.06 亿美元,协议外资2.96 亿美元。虽然国家工商总局 1988 年首次授权包括温州在内的 14 个沿海开放城市的工商局外资企业注册权,但外资企业来温州却不是很多。一位在温州市工商局负责外资工作 8 年的主任说,温州的外资企业半数以上是温州华侨兴办的。

在温州最早注册的前 10 家外商独资、中外合资、中外合作企业到今天依旧存在的还有 17 家,其余 13 家都已经办理注销手续,消失在温州大大小小的开发区之中(见表 4-2)。大浪淘沙后依旧强劲生存着的企业中有达得利、天龙等至今广为人知的企业,也有不少在今天已经变得默默无闻。然而在当年,他们都是温州经济风云一时的弄潮儿。在当年,以他们为代表的这一群温州最早投资者们开创了温州的繁荣。

---

① 赵伟,陈光特.温州工业化进程中的区域开放:一个纵向考察.温州论坛,2005(4).
② 林俐.温州对外经济与贸易发展分析与展望(温州蓝皮书).北京:中国社会科学文献出版社,2007.

表 4-2　温州早期成立的三类外商投资企业名称

中外合作企业	核准时间	中外合资企业	核准时间	外商独资企业	核准时间
威斯康纺织品有限公司（已注销）	1988.8.17	温州广和塑料制品有限公司（已注销）	1985.1.16	米莉莎（中国）皮件有限公司	1987.11.13
温州乐瑞染料有限公司（已注销）	1988.12.15	露易丝服装有限公司（已注销）	1985.5.2	得利隆服装辅料有限公司	1988.9.13
温州富达染料有限公司	1989.1.30	艺联工艺服装有限公司	1986.2.8	温州太平洋轻工有限公司	1989.5.27
温州瓯四釜蔺草制品有限公司	1989.4.1	永港鳗鱼养殖有限公司（已注销）	1986.8.5	温州威斯康纺织品有限公司	1989.6.20
温州威斯康工业有限公司	1989.7.14	瓯昌饭店有限公司	1986.8.21	尤利欧箱包扣件有限公司（已注销）	1989.7.129
温州光毅玻璃制品有限公司（已注销）	1990.4.5	瓯江船务有限公司（已注销）	1986.11.17	温州群日工艺品有限公司（已注销）	1990.8.1
温州安有限公司达水产加工	1991.9.18	华鑫塑料金属有限公司	1987.1.23	詹氏皮件有限公司（已注销）	1990.12.11
温州龙谷星房地产开发有限公司（已注销）	1991.10.8	达得利箱包有限公司	1988.12.31	温州祥狮装饰制品有限公司	1991.6.28
温州发达氟材料有限公司	1992.4.21	天龙网球有限公司	1988.8.25	温州康特电脑软件有限公司（已注销）	1991.11.7
温州力达乳制品有限公司	1992.6.9	温州和合拉链有限公司	1988.10.5	洞头海发水产开发有限公司（已注销）	1991.11.9

资料来源:叶朝辉,李显.温州外资 15 年.温州商报,2003-6-17(9—12).

（2）1993—2002 年的徘徊阶段:10 年期间,温州累计实际利用外资仅区区数亿美元,单年引进外资仅 5000 万—7000 万美元。即使这几千万美元外资,多半还带有"假外资"特征(华侨投资或本地企业的境外企业"迂回外资"),真正意义上的外资极其有限,相对于温州本地投资更可谓微乎其微。以温州鞋类为例,该产业主要吸引意大利籍华侨投资。意大利本土大约有 7000 多家鞋厂,从业人员近 12 万人。这一领域的人大部分是鞋厂雇工,极少数人在经过多年积累脱颖而出,自己成为老板办厂生产皮鞋,他们在皮鞋王国逐渐有了一席之地。其中一些人在 20 世纪 80 代中期开始来温州投资,但这个阶段比较集中,其中最多的是与鞋类企业(大多具有家属亲戚等关系)成立合资企业。根据温州市工商局统计报表(2002 年)的数据,1985—2002 年皮革、毛皮及其制造业(皮鞋)实际利用外资 8928.28 万美元,占总额的 13.23%,成为吸引外资最多的产业。

(3)2003 年以后的突破阶段:由于引进外资很少,温州几乎不可能得到伴随着国际资本带来的技术、管理、营销等多项高级生产要素,温州经济面临着结构性矛盾与问题,由此温州提出要发挥比较优势,大力鼓励民营企业吸引外资。经过政府与企业的共同努力,2003 年温州利用外资较以往有了突破,2003 年实际利用外资开始突破 1 亿美元,借着这个好势头,以后几年实际利用外资规模逐年提高,较以往的确有了很大的进展。2003—2007 年这 5 年温州累计实际利用外资 17.67 亿美元,相当于 1984—2007 年这 25 年实际利用外资总额的 72.45%。2007 年温州新签外资项目 141 项,实际使用外资 6.18 亿美元,增长 33.5%。1984—2007 年温州市实际利用外资的变化情况如图 4-1 所示。

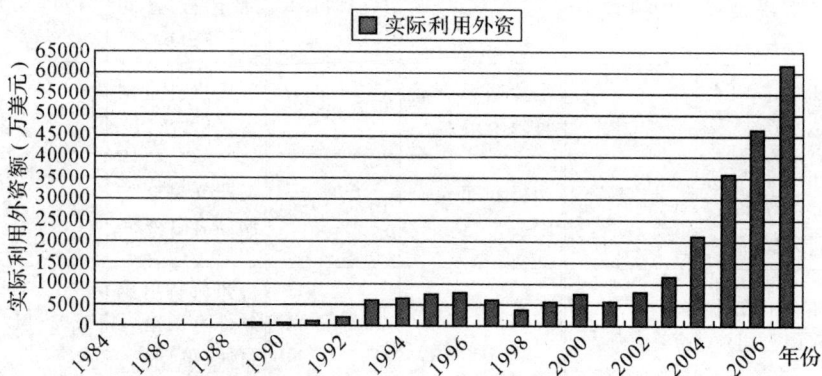

图 4-1　1984—2007 年温州实际利用外资变化情况

资料来源:《温州统计年鉴》(1985—2008 年)。

4.3.2　吸引外资创新:"以民引外、民外合璧"

4.3.2.1　酝酿与背景

长期以来温州利用外资的"短腿"一定程度上造成了产业档次低、缺乏发展后劲等问题,已经成为温州进一步发展的障碍。面对新的挑战,温州要实现经济平稳较快发展,就必须创新发展模式,提高发展质量,增强发展后劲。在这种背景下,2004年11月温州提出并实施"以民引外、民外合璧"战略,该战略也就成为新环境下温州经济发展的必然选择。

其实,提出"以民引外、民外合璧"战略经历了一个较长的"酝酿期"。早在2002年7月12日召开的温州市委八届十一次会议上,李强书记代表温州市委宣布温州将打造"国际性轻工城":用先进技术改造传统产业,鼓励民营企业用合资、合作、技术入股的方式吸引外资,促进温州传统产业全面升级。次年,温州市委、市政府发布《关于进一步加强利用外资工作的决定》(温政发〔2003〕33号),把利用外资作为"一号工程"来抓,为温州的招商引资工作创造了从未有过的积极氛围。当时,第一次提出了"以民引外"的新概念。

2004年8月4日,温州市委、市政府召开温州市对外开放工作领导小组会议,重点围绕着吸引外资提出部署。提出"继续错位竞争、特色取胜"的思路,突出抓好三个方面的工作:大力做好"以民引外"工作、加大"项目招商"的力度、切实发挥海外温州人的桥梁作用。此外,还对利用外资的基础性工作提出一些建议。会议重点强调:各地、各有关部门要加强领导,全面落实工作责任制和目标考核制,真正把用外资工作作为"一把手工程"来抓。2004年8月4日温州市人民政府还出台了《关于鼓励和扶持民营企业与海内外著名企业合资合作的若干政策意见》(温政发〔2004〕37号)。该文件规定:凡与世界500强企业和行业龙头企业进行合资合作的温州市企业,可在用地、用电、税收、金融等方面享受政府的全方位服务。

2004年11月,王建满书记到任温州,高度重视、大力强化吸引外资工作,创造性地把温州的利用外资工作归纳为"以民引外、民外合璧",涵盖了温州利用外资的独特性与创造性。民营企业是温州的最大优势、最大特色和最大品牌,温州民营经济的发展,为温州实施"以民引外,民外合璧"战略提供了必要的基础与条件。

2005年2月23日温州市委、市政府召开全市招商引资大会,提出把招商引资作为当年全市工作的"一号工程",全力破解招商引资难题,促进经济又快又好发展。温州"一号工程"的目标是,2005年确保合同外资6亿美元,实际利用外资3亿美元,分别比上年同期增长30%和50%,同时还要确保实际利用内资16亿元。

4.3.2.2 战略内涵

"以民引外、民外合璧"战略的内涵可以概括为:在科学发展观的指导下,依托高度发达的民营企业和民营经济,通过吸引外资企业、推动民营企业与外资企业合作,进一步做大做强民营企业和民营经济,打造温州经济发展的"双引擎",逐步形成民营企业和外资企业比翼齐飞的经济发展格局,实现产业结构提升、企业层次提升、竞争能力提升和发展后劲提升,把温州现代化进程推向一个新的发展阶段。[①]

4.3.2.3　战略举措

温州市在实施"以民引外、民外合璧"战略过程中,积极发挥政府部门引导、推动和服务作用。一是营造浓厚发展氛围。积极宣传"以民引外、民外合璧"战略,树立典型。同时出台了《关于鼓励和扶持民营企业与海外著名企业合资合作的若干政策意见》等一系列政策扶持措施。二是搞好项目库建设。充分挖掘招商资源,选择一些带动性强、关联度高,能够提升产业层次、优化产业结构的项目,进行包装。2006年新推出民营企业对接外资项目290个,总投资45亿美元,拟利用外资13亿美元。三是做好项目推介。举办民营企业(中国·温州)对话世界500强活动,搭建温州民营企业与世界500强、著名跨国公司沟通平台。引导民营企业与外资合作和交流。组织参加了美国浙江周、宁波浙江投资贸易洽谈会、厦门中国投资贸易洽谈会、德国浙江周活动等重大经贸活动。四是推行重点项目联系制度。2005年底,市委办、市府办联合发出"关于建立市四套班子领导联系督察外商投资重点项目的通知"。各联系和分管领导积极分赴基层,到项目所在地进行指导督促,市开放办积极配合,做好项目协调工作。五是推广项目审批一条龙服务。进一步深化审批制度改革,再造审批流程,实行投资项目全程代理制,33个机关部门在市行政审批服务中心设立了服务窗口,基建审批、企业登记注册、出入境办件、人才引进、招商引资审批等,实现了"一站式办理,一条龙服务"。

4.3.3　民外合资的趋势与动机

民外合资趋势的出现,虽与当地政府的鼓励与扶持有着直接的关系,但总体上,民外合资主要体现为企业行为,中外双方在实施合资战略时有着较为明确的微观动机。此处以温州为例,采用企业典型案例,结合企业访谈所获取的资料,对中外双方合资的动机进行归纳分析,得出基本结论:中外双方在合资中寻求互补性的需求,建议通过双方的尽快融合以保证动机的实现。

4.3.3.1　民外合资趋势

改革开放以来,温州的工业化模式除了具有企业产权制度明晰、产业主

---

① 中国社会科学院课题组."温州模式"的转型与发展——"以民引外、民外合璧"战略研究.中国工业经济,2006(6):51-59.

要集中于传统制造业等特点之外,还有一个显著特点就是资本的内源性:基本依靠民间投资驱动,最大限度地利用国内资源与国内市场。虽然世界很多地方都有温州人在经商,但温州的区域工业化模式却具有封闭性,因此,国际资本很少进入温州。经笔者测算,1984—2002 年温州累计实际利用外资 6.72 亿美元,占浙江省同期实际利用外资的 4%,而宁波为 35.6%①。

然后,从 2003 年开始,温州发挥民营企业独特优势,大力鼓励民外合资,即以民营企业为载体以合资的形式组建新企业,旨在通过吸引外资获取技术、管理、理念和销售等优势,突破自身发展的瓶颈,加快提升产业层次和竞争力,进而实现发展模式的创新。在"民外合资"的带动下,2003—2005 年温州实际利用外资规模较以往有了很大的突破,累计实际利用外资 6.86 亿美元,占 1984—2005 年温州实际利用外资(累计 13.58 亿美元)的 50.52%;三年累计新批外商投资企业 555 家,其中合资企业 350 家,占 63.06%。其中,2005 年温州市实际利用外资 3.57 亿美元,同比增长 70.7%,增幅名列浙江省前茅。从外商投资企业分类来考察,2005 年新批的 224 家外商投资企业中,中外合资企业 143 家(中方均为民营企业),民外合资项目占 63.84%。

与全国其他利用外资先进地区相比,温州民外合资的趋势更加突出。如 2005 年上海市、广东省、福建省、江苏省新批外商合资企业比重分别为 13.38%、12.95%、15.09%和 26.49%,相反地,外商独资是它们引进外资的主要方式(见表 4-3)。

表 4-3 2005 年上海市、广东省、福建省、江苏省新批外商投资企业分类表

地区	合计 (家)	合资企业 (家)	合作企业 (家)	独资企业 (家)	合资企业比重 (%)
上海	4043	541	44	3458	13.38
广东	8384	1086	218	7080	12.95
福建	1856	280	18	1558	15.09
江苏	5108	1353	70	3685	26.49

资料来源:各省份的统计年鉴(2006 年)。

从真正意义上讲,温州民外合资的实践才刚刚开始,总体上,这几年的实践体现了以下几个基本特征:

一是引资势头较为强劲。2003—2005 年温州实际利用外资规模较以往有了很大的突破,三年实际利用外资占 1984—2005 年全部实际利用外资的一半(50.52%)。2005 年新注册的制造业项目 189 个,其中属于民外合资的

---

① 根据《新浙江五十年统计资料汇编》(1999 年)、《浙江统计年鉴》(2000—2003 年)的数据计算而得。

项目 143 个,占了总项目的 75.66%。

二是引资项目规模增大。2005 年温州市新批超 1000 万美元的项目 87 个,比上年增加 148.6%,其中以民营企业为载体引进了美国通用电气、英博集团、瑞士汽巴精化有限公司和德国嘉力达公司等 4 家世界 500 强企业,这也是温州历史上引进外资最多的一次。

三是引资带来其他要素。民外合资中的外资大多是"真正"的外资,它还会带来技术、市场、管理等多项元素,而过去多半带有"假外资"特征(温州华侨投资或温州境外企业"迂回"投资)。

4.3.3.2 民外合资动机分析

(1)中方动机

在调查中笔者发现,由于温州民间资本十分丰裕,目前规模已经超过 2800 亿元[①],中方基本不把引进外方资金作为主要动机,而中方引进外资的动机主要体现以下四个方面:引进外方先进技术、改造管理模式、提升品牌知名度、利用外方营销渠道。

第一,引进外方先进技术。

温州私营经济发达,受益于温州最早发展民营企业和最早进入市场,也是温州经济发展走在中国其他地方之前的主要原因。但温州企业的技术水平相当落后,自主创新产品的能力很弱,一般都采取模仿策略,这就使得温州企业的可持续发展后劲严重不足。通过引进外资来快速提升技术水平是很多企业已经或正在考虑的一个战略问题。

绝大多数被调查对象都强调引进外资最重要的是引进先进技术。比如被调查对象之一的中日合资嘉利特荏原泵业有限公司,其中方浙江嘉利特泵业有限公司尽管在全国石化泵协会排名第二十名和温州泵业中排名第一,但仅拥有 2 个产品的专利,绝大部分产品都处于模仿国外设计产品的初级阶段,技术水平与世界差距很大。而日本荏原制作所具有 90 多年的历史,现为世界制造业 500 强之一(1999 年排名 372 位),为世界最大的泵业制造商。经过 3 年的谈判,双方于 2003 年 2 月正式签约,成立中日合资嘉利特荏原泵业有限公司,双方总投资为 1220 万美元,日方拥有 51% 股份(日本有关法律规定,日方必须控股,技术才能输出),全部以现金投入,中方以固定资产评估后入股,占 49% 股份。通过与荏原制作所的合资,嘉利特的主要动机是引进荏原拥有的先进技术和管理水平。嘉利特与荏原签订了作为双方合资核心内容的技术合同,主要内容便是 3—5 年内日方向合资企业提供 10 个

---

① 温州民间资本传奇. http://news.sina.com.cn/c/2005-06-10/13246136848s.shtml

系列 400 多个规格的泵产品技术资料,应用于新产品的开发与研制[①]。

第二,改造管理模式。

温州大部分企业都属于家族企业,管理模式落后,制约着温州企业的长足发展。大多数被调查企业认为改造原有管理模式是引进外资的第二动因。被调查对象之一的夏梦·意杰(中国)服饰有限公司,由浙江夏梦服饰有限公司与意大利杰尼亚集团于 2003 年 3 月合资而成[②]。中外双方各出资50%,总投资为 1 亿元人民币,杰尼亚以欧元出资,拥有该公司 50% 的股权,夏梦成立"陈氏实业发展有限公司",以原夏梦集团资产作为出资拥有该公司另 50% 的股权。合资后的董事会由六人组成,双方各三个人,中方为陈氏三兄弟,外方为保罗杰·杰尼亚、吉尔多·杰尼亚两兄弟和杰尼亚总裁德力皮亚诺,不设董事长。董事会下设管理委员会,由四人构成,中外方各两人。外方派遣意大利籍的 Tosco(他自取的中文名字叫陶石)担任首席执行官(CEO)负责公司的管理,他的首要事情是培养一支具有国际竞争力的整体骨干队伍,从而将原来的家族式管理模式过渡到规范的管理模式。正如其董事长陈孝祥说过,合资目的之一就是对原先的家族企业经营模式进行改造,形成现代企业的治理结构。

同样,上述嘉利特荏原公司董事会成员中,中日双方约各占一半,由四个日方成员和三个中方成员组成:日方董事长,中方副董事长,中方总经理,三名日方副总,一名中方副总(见图 4-2)。董事会每年召开 2—3 次重大会议。常住嘉利特荏原公司共六位日方人员:上述三名副总、副总工程师、生产部副部长和综合管理科长。

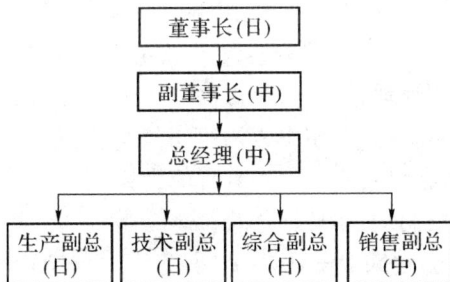

图 4-2　嘉利特荏原公司的高层组织机构

---

① 2005 年 7 月 17 日,嘉利特荏原泵业有限公司凭借国际一流技术,制造出目前国内最大的 60 万吨乙烯急冷水泵。该水泵调试成功,从而使这一直依靠进口的设备实现了国产化,填补了国内空白。

② 杰尼亚集团是拥有近百年历史的家族企业,在意大利享有全球声誉的纺织服装巨头。它在全球有 390 家专卖店,138 家全资公司,分布于 64 个国家。至今杰尼亚专卖店在中国已经达到 34 家。——来自 http://www.texindex.com.cn/Articles/2003-4-2/10730.html。

第三,提升品牌知名度。

将引进外资作为提升品牌知名度的重要途径,是民营企业品牌建设的新思路。比如夏梦与杰尼亚合资后,仍使用中方的"夏蒙"品牌,并将通过杰尼亚的全球营销网络品牌进入国际市场,提升品牌的国际知名度。2005年2月正泰集团与美国通用电气公司(GE)合资组建通用·正泰(温州)电器有限公司,合资企业生产的小型断路器、漏电保护断路器、漏电附件、隔离开关等四大系列二百余种规格的低压电器产品都使用联合商标"通用·正泰",依托通用公司国际品牌效应,壮大正泰自有品牌,进一步提升产品国内外市场占有率。

第四,利用外方营销渠道。

从调查中发现,在外国投资者利用中方合作者打开中国市场的同时,温州企业也在试图通过合作打开原本难以进入的国际市场。2005年平阳柳成集团与全球最大的珠光颜料产销巨头瑞士汽巴精化公司合资①,外方委派总经理对合资企业实行规范化管理,当年产值达2400吨,计划在5年后年产值达5000—6000吨,当年自营出口比上年同期增长480%,成为全球第三大珍珠及金属光泽效果颜料生产商。同样,夏梦也想"借船出海"。由于东西方文化的差异等原因,西装很难进入西方市场,这是不争的事实。夏梦·意杰公司创立后,情况很快就发生变化:在产品定位和质量上都有脱胎换骨的变化,定位于高档男装国际市场,这使得"夏梦"会在条件成熟时,通过杰尼亚的网络进入国际市场。

(2)外方动机

与以往不同,随着中国对外资企业"国民待遇"的逐步实施,政府对外资的优惠待遇逐步减少,所以享受政府优惠政策已不再成为外方与民营企业合资的主要动因。相反地,以下四个方面成为外方进入温州的主要动机:看中"温州制造"的价格优势、利用中方网络拓展中国市场、利用当地轻工产业完善的配套体系、看中民营企业自身具有的优势。

第一,看中"温州制造"的价格优势。

1986年著名社会学家费孝通曾用"小商品、大市场"对温州模式进行了精辟的概括。非常不起眼的小商品,拥有巨大的市场,多年后的实践已经证明了这一点。"温州制造"的物美价廉,凭借自己的价格优势,已牢牢占据了国内外市场的一席之地。根据有关资料,温州低压电器、鞋类、服装、眼镜、

---

① 瑞士汽巴精化有限公司成立于1884年,是全球三大颜料生产商之一,在精细化工领域居世界前五名,业务网络遍及全球,也是最早向中国提供颜料的公司之一。2004年度,该公司销售额为70亿瑞士法郎(折合人民币500亿元)。——来自 http://www. wchem. com/News/Detail/4764. html.

打火机价格与国内其他地区生产的同档同类产品相比,普遍要低 1/4—1/3,如温州太阳镜生产成本为广东 1/3,有的甚至更低,温州产打火机的出口价格在 1—2 欧元之间,而欧洲同类打火机至少 10 欧元,多则几十欧元甚至更贵[①];大陆皮鞋(其中温州皮鞋在全国市场占有率为 20%)在国际市场与意大利皮鞋相比,质量相差无几,价格却不到意大利皮鞋的 1/3[②]。"温州制造"的价格优势无疑成了吸引外资的一大主要因素。据调查,"夏蒙"服饰的成本只有意大利的 1/20,就是这个低成本优势一开始就吸引着意大利杰尼亚公司的"眼球",最终双方达成合资。

第二,利用中方网络拓展中国市场。

外资来华投资另一重要原因是希望利用中方网络拓展中国市场。中国拥有将近 13 亿人口的市场,中国经济的持续增长提高了消费者的购买力。但仅凭跨国公司自身的力量打开中国市场,无疑不是一件易事,因此,它们会考虑选择一家已经拥有较为完善的国内市场网络的中方企业作为合资伙伴,从而凭借中方网络实现其拓展中国市场的战略目标。

日本荏原制作所选择嘉利特合资的原因就是通过中方打开中国市场。中国有几十亿的进口泵市场,日本荏原制作所早在 25 年前就开始开拓中国市场,但业绩一直不佳。选择嘉利特合资,就可以利用后者的国内市场网络来扩大荏原在中国市场占有率,因为中方企业在全国石化泵行业中具有一定的影响力,在国内已具有比较广阔的市场。

同样,意大利杰尼亚公司就是想通过与夏梦的合作实现"品牌本土化",最终占据中国高端市场。10 年前杰尼亚开始进入中国,目前在中国拥有 34 家专卖店,一般设在五星级宾馆销售,每套 4—5 万元,现在中国市场占有率还很低。合资前夏梦一直做国内市场,在全国已拥有 100 多专卖店。通过与夏梦的合资,杰尼亚意图以低成本中附加值的"夏梦"占领中端市场,而以高成本高附加值的"杰尼亚"控制高端市场,从而在大陆成衣市场赢得优势。

第三,利用当地轻工产业完善的配套体系。

经过多年发展和完善,温州已经形成 13 大主要轻工产业集群,如制鞋、服装、打火机、眼镜、锁具、剃须刀、低压电器、合成革、塑料编织、纽扣拉链、汽摩配、包装印刷及制笔等产业集群[③]。这些产业集群的产业链充分细分,产业内分工协作程度很高,产业配套体系比较完善。例如在温州鞋业集群中,拥有全国最大的牛皮、猪皮和鞋材料市场,形成了门类完备的鞋机、鞋材、制革、皮革五金、皮革化工等配套专业市场和产业链。外方在选择投资

① 朱平豆.温州打火机:凶狠的土狼群战术[N].21 世纪经济报道,2001-9-10.
② 意大利鞋有温州因素[N].欧洲日报(法国),2002-7-20.
③ 温州市统计局.13 大行业撑起国际性轻工城.温州商报,2003-10-9(10).

区位时会考虑当地产业配套体系是否完善,因为它不仅关系到外方的投资成本和收益,而且有助于实现外资的本土化战略。根据资料显示,大约2/3的民外合资项目比较集中在传统轻工产业,足以说明外方是非常看中当地轻工产业完善的配套体系的。

第四,看中民营企业自身具有的优势。

温州经济崛起的奥妙,正是民营经济的迅速发展,2005年27家企业跻身全国民营企业500强。民营企业具有较强的适应国情能力,强大的生存竞争能力,灵活的经营机制等自身优势。以上优势成为吸引外资的重要因素。如果说上海对外资的魅力无可比拟,江苏外资积聚已成气候的话,"以民引外,以外促民"无疑是民营企业发达的温州独特而又现实的选择。例如,日本茬原选择瑞安嘉利特的原因之一,就是看中中方是民营企业,因为它在中国曾有过两次合资失败的经历,而对方都是国有企业。

民营企业吸引外资趋势的出现,是双方动机使然。总体上,双方合资动机在于寻求互补性的需求。中方倾向于利用外方的技术、管理、品牌和营销等方面的优势,而外方倾向于借助中方的资源和市场优势。不过,在调查中也发现,在合资的过程中,中外双方也遇到共同的问题:中外管理理念的差异。怎样通过双方的融合,最大限度地缩短中外管理理念的差异带来的"磨合期",是保证实现各自动机的前提条件。

4.3.4　民外合资实现模式

4.3.4.1　中外合资成为主要投资方式

从外商投资企业分类来考察,2003—2005年累计新批外商投资企业555家,其中合资企业350家,占63.06%,可见,合资经营为主流方式(见表4-4)。仅2005年新批的224家外商投资企业中,中外合资企业143家,中外合作企业4家,外商独资企业77家。在147家合资、合作企业中,仅2家中方是国有企业,其余145家是民营企业(包括自然人),民营企业吸引外资项目占64.7%。2006年1—11月,全市新批外商投资企业211家,投资总额24.63亿美元,合同外资和实际外资已完成9.58亿美元和4.13亿美元,同比分别增长34.5%和51.1%。新批"以民引外"项目167个,占制造业项目89.3%。①

---

① 以民引外民外合璧.2007年度全省外经贸工作会议材料(2007-1-8),http://www.zftec.gov.cn/main/ztzl/gzhyzt/hyjc/T180669.shtml

表 4-4 **2003—2007 年温州市实际利用外资分类表** （单位:万美元）

年份	合资企业		合作企业		独资企业		合计	
	外资额	项目数*	外资额	项目数	外资额	项目数	外资额	项目数
2003	6671	114	158	0	5140	60	11969	174
2004	11248	93	75	20	9593	44	20916	157
2005	19139	143	388	4	16181	77	35708	224
2006	27729	171	508	5	17911	46	46273	223
2007	34997	70	310	2	26446	69	61753	141

资料来源:《温州统计年鉴》(2004—2008 年)。

* 实际外资项目数据因无此项统计,不详,表中项目数均表示协议外资项目。

4.3.4.2 引资领域突破性扩大

2006 年 1—11 月,温州新批"以民引外"项目 167 个,占制造业项目 89.3%。新批投资总额 1000 万美元以上的项目 92 个,同比增长 31.4%。新批单项合同外资金额平均达到 413.2 万美元,同比增长 23.7%。引进一批高新技术产业项目,例如投资总额 3200 万美元、生产液晶电视的忠诚数码,投资总额 1500 万美元、生产电脑 U 盘的明晋实业以及投资总额 1500 万美元、生产 GPS 全球卫星定位系统嘉博数码等。行业巨头开始进入温州。世界明胶业三大巨头德国的嘉利达、法国罗赛络和比利时 PB 公司均在温州找到合作伙伴,世界 500 强企业可口可乐公司落户滨海园区。基础设施项目利用外资取得大突破。先后引进了七里港集装箱码头,状元岙深水港码头和中心片污水处理厂等项目,极大地改善了温州市的投资环境,具备了开通国际干线货运的基本条件。

4.3.4.3 民企吸引外资的实现模式

截至 2006 年 11 月,温州市"民外合璧"企业已达 950 家,总投资 45.72 亿美元,合同外资 13.46 亿美元,实际外资 8.84 亿美元,分别占全市总数的 66.1%、58.5%、47.7% 和 53.8%①。民营企业引进外资方式多种多样。温州民营企业从各自的实际出发,通过多种方式与国际著名企业进行对接,主要归纳为以下 8 种:

(1)整体合并。中方将原有企业全部资产整体转入合资企业。浙江夏梦与意大利杰尼亚(全球著名男装品牌企业)合资,各占 50% 的股权,夏梦将

---

① 以民引外民外合璧. 2007 年度全省外经贸工作会议材料(2007-1-8),http://www.zftec.gov.cn/main/ztzl/gzhyzt/hyjc/T180669.shtml

全部资产转入合资企业，外方以现金注入，是迄今为止温州民企与国际品牌最全面、最深入的一次合作。

(2)联合品牌。中外双方成立的合资企业使用双方品牌的"联合体"——联合品牌。正泰集团与世界电器业巨头通用公司合资后，产品打"通用·正泰"商标，依托通用公司国际品牌效应，壮大自有品牌，市场占有率进一步提升。奥康与意大利 GEOX 合作，共享营销网络，借力打造品牌。其他案例：荏原·嘉利特。

(3)设立研发中心。中方企业以引进外方技术为本土企业服务为目的成立研发中心。温州哈杉鞋业在收购了意大利著名鞋企威尔逊公司90%股份后，接纳了威尔逊公司拥有的设计师和工程管理技术人员，并与威尔逊公司合资在国内设立哈杉威尔逊鞋类研发中心。其他案例：康奈也与英国SATRA(沙雀)技术研究中心合作，投资1000万元设立符合国际标准的鞋类设计研发中心。

(4)提升管理水平。中方通过引进外资改造原有企业的管理模式。平阳柳成集团与全球最大的珠光颜料产销巨头瑞士汽巴精化公司合资，引进技术和管理，产能和效益大大提高。企业投入环保技术500万元，年产值可达2400吨，计划在5年后年产值达到5000—6000吨生产规模，成为全球第三大珍珠及金属光泽效果颜料生产商。

(5)引进技术。中方以引进外方核心技术为目的而成立合资企业。浙江嘉利特公司泵业与日本荏原制作所合资后，从一个家族企业跨进国际化、正规化、现代化企业行列，成为国内最大的石化泵领军企业。先后引进日方高级专业技术人才20多人，研发出具有国际先进水平的产品(国内最大的60万吨乙烯急冷水泵)，填补国内空白。其他案例：浙江人可工贸有限公司与瑞士世界顶级钢笔生产企业凯兰蒂合资设立制笔企业，作为一个高附加值、高科技、高精度、高环保、高效低耗的企业，它的引进将会提升"中国制笔之都"的产业层次。

(6)整体产业引资。发挥产业整体优势与国外产业对接。浙江三帆明胶厂和世界明胶业巨头法国"罗赛洛"正式合资运营后，产量、销售额翻番，2005年该公司的实际销售收入达到1.3亿元，上缴税款865万元，2006年预计销售可达2亿元。生产的明胶产品销售价格从以前每吨2.1万元提高到4.5万元，而且供不应求。受"罗赛洛"影响，平阳、苍南一带的明胶企业纷纷把目光投向了国外同行业中的知名企业，相继与德国嘉利达公司、比利时 PB 公司合作，世界明胶业三大巨头"会师"平阳，温州将成为世界最大的明胶业生产基地。

(7)引进外智。中方企业为提高技术研发能力引进国外专家或工艺。

庄吉聘请意大利著名服装设计师,每年为公司提供 400 多个服装设计款式。温州红黄蓝集团与美国金星集团签订投资 3500 万美元的服装后处理工艺合作项目,并与法国卡琳公司合作,借外力提高研发水平和设计能力,解决原创设计问题。

(8)产业配套。外方因与中方企业的长期合作需求,为中方提供产业配套。华峰集团为原料供应商日本聚氨酯工业株式会社(NPU)当红娘,引日本强企落户瑞安,成立日邦聚氨酯(瑞安)有限公司,专业生产 MDI(是聚氨酯行业里的一个主要的原料),成为华峰集团的配套企业。华峰集团(国内规模最大的聚氨酯系列产品生产企业)是 NPU 主要的紧密合作伙伴,合作已超过 10 年,华峰集团对 MDI 的年需求量超过 2 万吨。

表 4-5　民营企业吸引外资的主要形式

形　式	特　点	典型考察案例
整体合并	中方将原有企业全部资产整体转入合资企业	夏梦与杰尼亚
品牌联合	中外双方成立的合资企业使用双方品牌的"联合体"——联合品牌	通用·正泰;荏原·嘉利特
设立研发中心	中方企业以引进外方技术为本土企业服务为目的成立研发中心	哈杉·威尔逊;康奈与英国 SATRA(总部)
提升管理水平	中方通过引进外资改造原有企业的管理模式	柳成与瑞士汽巴精化
引进技术	中方以引进外方核心技术为目的而成立合资企业	嘉利特与日本荏原;人可与凯兰蒂
产业整体对接	发挥产业整体优势与国外产业对接	明胶产业
引进外智	中方企业为提高技术研发能力引进国外专家或工艺	庄吉、红黄蓝集团
产业配套	外方因与中方企业的长期合作需求,为中方提供产业配套	华峰与日本聚氨酯工业株式会社

资料来源:作者整理。

实践证明,温州招商引资不是放弃民营经济,而是提升民营经济;不是放弃民营经济的特色,而是立足民营特色、创新民营特色、发展民营特色;不是改变温州民营经济发展格局,而是借助外力发展自己、壮大自己、提升自己,使温州民营经济走出一条又好又快发展的路子。

4.4 民营企业吸引外资实证分析：
基于 195 份温州企业问卷调查[①]

根据课题研究需要，为获得民营企业吸引外资行为的原始资料，课题组对温州 195 家民营企业开展调研。企业调查分两种形式：一是问卷调查，共发放问卷 260 份，收回有效问卷 195 份；二是企业实地调查，先后对其中 20 家规模较大的温州民外合资企业进行实地调查。本次问卷就企业吸引外资的基本情况、引资动因、资本效应、对本地投资环境的评价等进行调查，并对所获数据资料，应用 SPSS 软件，进行量表统计分析。

4.4.1 调查过程与采用方法

根据本课题研究需要，2007 年 1 月至 2008 年 6 月课题组根据初步调研得到的信息与启发，设计相关调查问卷。就问卷的内容（广度与深度等）征询管理部门、企业、行业协会负责人的意见，并进行修改。2008 年 7—12 月课题组开展问卷调查工作，考察对象为温州民外合资企业（企业名录来自温州市工商局外资处，截至 2007 年 12 月），该类企业累计 541 家。[②] 调查分为两种形式：一是问卷调查，共发放问卷 260 份，收回有效问卷 195 份；二是企业实地调查，先后对其中 20 家规模较大的温州企业进行实地调查，企业负责人平均接受了二三个小时的访谈，坦率地回答了有关提问。问卷调查和企业实地调查相互配合，提高了所获信息的准确性。

本次问卷就企业吸引外资的基本情况、引资动因、资本效应、对本地投资环境的评价等进行调查。课题组对问卷所获的相关数据，课题组应用 SPSS 软件进行量表统计分析。

---

①　在研究调查过程中得到温州市工商管理局及被调查企业的大力支持，谨此致谢.

②　根据外商投资企业的名录，按企业性质为"中外合资经营企业"进行归类与统计.

4.4.2　被调查企业的基本情况

4.4.2.1　被调查企业的行业分类情况

被调查企业中鞋革、服装、机械、眼镜企业分别占 37.95%、19.49%、13.33%、5.64%,共计 74.41%,被调查企业均为温州主导轻工生产型企业,具有一定行业代表性(见表 4-6)。

表 4-6　被调查企业的行业分类

行业	鞋革	服装	眼镜	包装印刷	制笔	锁具
企业数量	74	38	11	3	2	7
比重(%)	37.95	19.49	5.64	1.54	1.03	3.59
行业	机械	低压电器	汽摩配件	纽扣拉链	其他	合计
企业数量	26	4	11	2	17	195
比重(%)	13.33	2.05	5.64	1.03	8.72	100.00

资料来源:作者根据问卷整理。

4.4.2.2　合资时企业主的情况

从事该行业的年限,83 家企业选择 1—10 年,占 42.56%,80 家企业选择 11—20 年,占 41.03%,32 家企业选择 21 年以上,占 6.67%。

企业主男女性别,男性企业主为 171 人,占 87.70%,女性企业主为 24 人,占 12.31%。

企业主年龄,合资时企业主的年龄分布见表 4-7,位于 31—60 岁年龄段占 85.64%,位于 41—50 岁年龄段的业主人数最多,为 36.92%。

表 4-7　被调查企业业主的年龄分布

年龄	30 岁以下	31—40 岁	41—50 岁	51—60 岁	61 岁及以上	合计
人数	15	53	72	42	13	195
比重(%)	7.69	27.18	36.92	21.54	6.67	100.00

资料来源:作者根据问卷整理。

4.4.2.3　企业合资情况

合资企业成立年份。1992 年或以前成立的企业有 15 家,占 7.69%;成立于 1993—2002 年的有 59 家,占 30.26%;2003—2007 年成立的有 121 家,占 62.05％。

外方实际投资规模。100 万美元以下为 82 家,占 42.05％;101 万—500 万美元为 54 家,占 27.69％;501 万—1000 万美元为 30 家,占 15.38％;1001 万美元以上的 29 家,占 14.87％。总体上,实际投资规模仍较小,500 万美元以下的累计占 69.74％。

合资企业控股方。150 家企业选择中方,占 76.92％;31 家企业选择外方,占 15.90％;14 家企业选择了一样多,占 7.18％。

董事会人员比率。154 家企业选择中方多,占 78.97％;23 家企业选择外方多,占 11.79％;18 家企业选择一样多,占 9.23％。

公司董事长人选。165 家企业选择中方人员,占 84.62％;30 家企业选择外方人员,占 15.38％。

公司总经理(或 CEO)人选。166 家企业选择中方人员,占 85.13％;29 家企业选择外方人员,占 14.87％。

合资企业产品采用的商标。141 家企业合资后采用中方商标,占 72.31％;29 家企业采用了外方商标,占 14.87％;25 家企业采用联合商标,占 12.82％。

合资项目中的主动方(先提出)。132 家企业选择合资项目中的主动方为中方,占 67.69％;23 家企业选择外方,占 11.80％;40 家企业选择双方差不多,占 20.51％。

合资前中外方关系。合资前,外方是中方的供应商为 32 家,占 16.41％;外方是中方的销售商(买家)为 38 家,占 19.5％;同行竞争者为 9 家,占 4.6％;116 家选择没有以上关系,占 59.5％。

企业管理人员对合资的态度。107 家企业欢迎并关心,占 54.9％;86 家企业选择比较关心,占 44.1％;2 家企业选择事不关己,占 1％,没有企业表示敌对情绪。

政府在企业合资过程中的态度。139 家企业表示政府在企业合资过程中的态度是重视的,占 71.3％;56 企业表示政府的态度一般,占 28.7％;没有企业表示政府不重视。

合资企业引进技术的先进性程度。54 家企业选择引进的技术国际一流,占 27.7％;89 家企业选择国内一流,占 45.6％;52 家企业选择一般,占 26.7％。

双方的企业文化在合资企业中的融合情况。110 家企业选择融合情况好,占 56.4％;82 家企业表示一般,占 42.1％;3 家企业表示较差,占 1.5％。

中方高层管理者在处理中外双方产生分歧时的立场。156 家企业选择保持中立,占 80％;34 家企业选择偏向中方,占 17.44％;5 家企业选择偏向外方,占 2.6%。

4.4.3 民外合资的效应调查

民外合资是否会带来预期效果,是双方企业关心的问题,涉及资本效应的问题。从理论上分析应该有积极与消极两个方面。从企业深度访谈看,企业既对合资表现出乐观与鼓舞人心的一面,同时也表现出一些担忧。为此,本课题设计相关评价指标,采用等级评价方法对此展开评价。

4.4.3.1 合资后带来的效果

在被选择的 10 个选项,企业给予的评价有着较大差异。其中,提高了利润与效益(3.25)、履行了纳税及员工福利保障等社会责任(3.12)、提高了技术水平(2.97)、提升了中方品牌的知名度(2.84),是企业认为相对重要的效果。而提升了外方品牌的知名度(1.53)、拓宽了国内市场(1.72),是企业认为不太明显的效果(见表 4-8)。

表 4-8 民外合资后带来的效果

序号	效　果	评价分值
1	提高了技术水平	2.97
2	改善了管理模式	2.73
3	拓宽了国内市场	1.72
4	拓宽了国际市场	2.63
5	提升了中方品牌的知名度	2.84
6	提升了外方品牌的知名度	1.53
7	引进了更多的专业人才	2.63
8	提高了利润与效益	3.25
9	提升了员工的作业习惯与行为意识	2.21
10	履行了纳税及员工福利保障等社会责任	3.12

资料来源:作者根据问卷计算整理而得。

说明:按重要性评价,每个选项按 4 个等级评分回答:1=不重要;2=较重要;3=重要;4=很重要

4.4.3.2 合资企业面临的问题

在企业面临的问题问卷中,选项外方对合资企业的关注太少(3.33)、中外方管理文化的冲突(3.26)、中外方利益的冲突(3.10)是企业最为担心的问题,而中方与外方未能严格履行合同(1.78,1.67)倒不是很突出。对合资

企业的关注太少的一个直接的解释是因为外方企业的股权比例偏低,因为被调查的195家企业中,只有31家企业是外方控股的,占15.90%(见表4-9)。

表 4-9　合资企业面临的问题

序号	问　　题	评价分值
1	中外方利益的冲突	3.10
2	中外方管理文化的冲突	3.26
3	外方未能严格履行合同	1.78
4	中方未能严格履行合同	1.67
5	外方对合资企业的关注太少	3.33
6	外方资金不到位	2.85
7	中外方行为方式发生冲突	2.21
8	政府的行政干预过多	2.65

资料来源:作者根据问卷计算整理而得。

说明:按重要性评价,每个选项按4个等级评分回答:1=不重要;2=较重要;3=重要;4=很重要

4.4.4　投资环境评价

4.4.4.1　对投资硬环境的评价

对于投资的硬环境,主要是从表4-10所列的环境因素方面予以评价。被调查企业对工业配套程度、水电气价格、通讯设施的评价结果,经测算,平均分值分别是 2.83、2.65、2.56,满意(假定平均分值1—1.50为不满意、1.51—2.50为一般、2.51—3.0为满意)。这些企业所涉及的行业主要分布在鞋类、服装、低压电器、眼镜业、制笔业等,在温州已经形成了较完善的产业链,对工业配套程度(2.83)满意度最高。

对于温州的基础设施(2.31)、外界交通(2.01)、市内交通(2.17)等方面,评价的平均等级为一般,而土地供应(1.05)、科技园区(1.13)表示不满意。

表 4-10　合资企业对投资硬环境的评价

序号	环境因素	评价分值	评价等级
1	基础设施	2.31	一般
2	工业配套程度	2.83	满意
3	外界交通	2.01	一般

序号	环境因素	评价分值	评价等级
4	科技园区	1.13	不满意
5	通讯设施	2.56	满意
6	水电气价格	2.65	满意
7	土地供应	1.05	不满意
8	市内交通	2.17	一般

资料来源:作者根据问卷计算整理而得。

说明:每个选项按3个等级评分回答:1=不满意;2=一般;3=满意

4.4.4.2 对投资软环境的评价

对于温州投资的软环境,主要是从表4-11所列的各项指标进行评价。被调查企业对商业环境、信用环境、融资环境的评价结果,经测算,平均分值分别是2.68、2.62、2.54,平均等级均为满意,这与温州人具有商业意识和重合同、守信用的传统有关;对劳动力成本(2.37)、当地的居住生活环境(2.01)、文化娱乐设施(2.08)、人本环境(2.36)与法制环境(2.34)的平均评价等级为"一般";而对于土地及房产价格(1.12)、技术与管理人员供应(1.24)、政府部门的工作效率(1.40)平均评价等级为不满意。尤其是土地及房产价格评价平均分值最低(1.12),这与温州土地资源稀缺有关。温州是中国土地最稀缺的城市之一,2004年温州市总人口746.19万人,土地面积11784平方公里,耕地面积159.58千公顷,人口密度633人/平方公里,人均耕地面积0.32亩,仅为全国平均水平的1/3。2004年,温州可供工业用地不足需求量的20%。土地供应不足反应到土地价格上,温州地价老城区1000万元/亩,新城区300万元/亩,郊区和乡镇25万元/亩,而上海的郊区地价只有3万元/亩。

表4-11 合资企业对软环境的评价

序号	环境因素	评价分值	评价等级
1	法制环境	2.34	一般
2	劳动力成本	2.37	一般
3	商业环境	2.68	满意
4	技术与管理人员供应	1.24	不满意
5	信用环境	2.62	满意
6	融资环境	2.54	满意

序号	环境因素	评价分值	评价等级
7	人本环境(主要指本地人对外来人员的接纳程度)	2.36	一般
8	当地的居住生活环境	2.01	一般
9	文化娱乐设施	2.08	一般
10	政府部门的工作效率	1.40	不满意
11	土地及房产价格	1.12	不满意

资料来源:作者根据问卷计算整理而得。

说明:每个选项按3个等级评分回答:1=不满意;2=一般;3=满意

通过以上调研,课题组对浙江典型地区温州民营企业吸引外资的现状、动因、效应及该地区投资环境有了总体认识与把握,对下一阶段如何推进民营企业吸引外资的对策研究提供基础。

4.4.5　结论及建议

通过问卷调查所获数据的统计分析,可以得到以下初步结论:外方对合资企业的关注太少、中外方管理文化的冲突、中外方利益的冲突被认为是企业面临的主要问题;本地区投资环境不尽如人意。在上述结论基础上,本课题组就如何完善投资环境及提高投资效率提出相关建议。

4.4.5.1　初步结论

民外合资的效应应从两个方面去考察。首先是民外合资带来的正面效应,提高了利润与效益、履行了纳税及员工福利保障等社会责任、提高了技术水平。而中外方管理文化的冲突、中外方利益的冲突、外方对合资企业的关注太少被认为是企业面临的主要问题。

对硬、软环境的评价平均等级为满意的分别占37.50%与27.2%,因此投资环境总体仍不尽人意。尤其对软环境的评价,反映了土地及房产价格过高、技术与管理人员供应不足和政府部门的工作效率低等突出问题,值得引起关注,投资环境是影响外资区域选择的重要因素。

4.4.5.2　政策建议

从以上问卷调查结论不难看出,民营企业吸引外资有着较为明确的动机,民营企业对外资有着较强的吸引力。民外合资带来诸多积极效果的同时,也有一些问题困扰着合资企业。而对外资区位选择有着直接影响的投资环境应该得到进一步改善。本课题组结合问卷调查与前文的实证研究,提出相关的推进民营企业吸引外资的建议。

（1）企业层面

一是坚持"互补性"引进外资。从战略角度，民营企业引进外资是为了企业更好地发展（不同政府引资的宏观战略），因此，企业在引进外资前要考虑自己通过引进外资最需要得到什么，哪些方面因此而可能得到改善，同时，要认清自己的优势是什么，什么是外方所需要的。这种引资行为我们称之为"互补性"引进外资，只有满足双方的"互补性"需求（是内生的需求），才能产生积极的预期效应。而这种企业内生的引资需求应该是独立的，不受政府的行政干预。

二是防止跨国公司对本地企业的恶意收购。浙江民营企业主独立创业意识普遍较强，对所从事的经营事业有较为执著的追求，所以主动愿意被跨国公司并购的可能性似乎并不高。但是在企业出现短期困难或国外企业出价较高的情况下，企业需要慎重考虑与外资企业合资合作的深度和广度、股权安排及控股权等问题，不能只看到眼前的短期利益而被国外公司收购，如被高价收购，企业固然可以拿到一笔可观的现金，但也失去了进一步发展的机会。对一些重点产业和企业更应进行有意识的保护，避免被外资跨国公司恶意收购。

三是完善管理制度，消除双方利益冲突。民外双方在合资动因上都是理性的，但实际运行中会出现许多预想不到的问题，导致双方利益冲突，如在投资决策、利益分配、人事问题、福利问题等方面产生冲突是在所难免的。双方如何消除利益冲突，是合资企业面临的现实问题。完善管理制度是一个比较有效的解决途径。企业应该由制度来管理，而不是人来管理。合资企业应根据双方的股权比例，设计一个比较合理的治理结构（董事会），再由董事会来研究企业的一揽子管理制度，最后由管理制度来均衡双方的利益冲突。

四是加强中外人员的沟通，接受跨国公司的缄默知识。大量实证研究表明，正向溢出效应发生与中外双方的结合程度是正相关的，合资经营是正向溢出效应发生作用的最佳方式。跨国公司内部传递的绝大多数知识都是内在隐性的，有时也被称作缄默知识，这种缄默知识无法编码却只能通过直接应用而被观察到。而合资企业正是提供了一个最优的沟通平台，企业内部员工可以开展正式以及非正式的交流，而这种交流甚至不需要事先设立任何主题，通过这种完全自由的交流让跨国公司的很多有益的缄默知识逐渐地向本土员工传递。此外，跨国公司中的高层员工，尤其是中高层管理人员和技术人员，在本地发展衍生企业或创业，使跨国公司的技术、管理、市场渠道等有关知识向本土企业渗透或传递，以之提高本土企业的竞争力。

（2）政府层面

一是优化投资环境，提高对外资的吸引力。转变政府职能，降低交易成本。被调查企业对政府的建议归纳起来为：政府职能应由"管理"转变为"服务"。政府应了解有关法律法规，对于投资过程中出现的问题，政府尽可能解答企业的问题，由专业人才予以指导，而不再"企业推着政府走"；提高政府的效率，简化审批手续，减少多头审批；对项目的定位，对于与重点和技术有关的项目给予大力支持，对于纯资金投入的小项目（有的目的就是为了土地优惠），应给予限制。

加大技术与管理人员供应。推行"内生"与"外引"结合模式，即企业内部培养和外部引进相结合。政府可要求企业定期开展员工专业培训。大型企业可以定期开展培训班，中小企业可以不定期地开展，有条件的企业可以开设"企业大学"。在引进人才方面，政府应该营造一个人才引进的政策平台，制定优惠政策吸引海内外人才，满足企业的人才需求；加强专业定向培训，通过积极发展生产服务业，鼓励企业将部分生产支持活动社会化，实现人力资源共享。同时，也可要求企业制订相关措施，吸引企业发展急需的技术与管理人员。

扩大土地供应，鼓励"零土地"引资。由于土地供应不足导致外资项目无法及时落地，企业在这个问题上主动性很小，需要政府提供相应政策与机制来解决这个问题。政府可在土地供给方面有所作为，包括深入了解不同行业的土地需求而设计量身定做的土地供给方案、在土地供给方面引入竞争机制，让用地进一步合理置换等；同时，大力鼓励"零土地"引资，尤其是外商与民营企业合资的情况（比如夏梦与杰尼亚，三帆与罗赛洛合资企业等都没有另征用土地，而是在原有厂房上扩大生产）。在原有中方企业的厂房基础上，如何进行整合扩容，引进外方技术、管理模式，在厂房占地规模不再扩大的前提下，如何提高企业的运行效率。对于这样的不以土地供给为代价的外资项目，政府应该给予大力支持与引进。

二是明确主攻方向，优化引资结构。按照国家外资政策导向和产业结构调整方向，引导外资投向支柱产业、高新技术产业和具有地区优势的产业。要从"引资"转向"选资"，引进对本地区产业有重要带动作用、对浙江经济社会发展具有重大意义的项目，将引进境外资本与先进技术、管理、优秀人才结合起来，以提高招商引资的质量。密切注意中国港台、欧美、日韩、新加坡等发达国家和地区对华的投资动向，将吸引跨国公司、引进发达国家的主流国际资本作为利用外资的主攻方向。对世界500强和各产业、行业的领头公司来温投资，要强化一事一议，及时跟踪服务。

三是创造条件，推进"以民引外"引资战略。扩大企业在招商引资中的主体作用,要有针对性地选择一批重点的"以民引外"项目,充实项目信息库,集中宣传推介,组织企业开展有针对性的境外招商引资活动。在对接产业选择方面,应有重点地优先考虑本地区的主导产业。例如,2006年温州市规模以上工业产值中,电气机械、鞋革、电力、塑料制品、通用设备、服装、交通运输设备、化学原料及化学制品等八大行业产值均超过100亿元,全年实现工业产值1930.48亿元,增长19.5%,占规模以上工业产值比重70.8%。以上八大产业应该作为重点对接产业,通过引进外资来提升产业整体竞争力。引导民营企业通过增资扩股和并购等方式吸引外资,鼓励民营企业利用中方现有的土地厂房及其他固定资产吸引外资,提升民营经济发展水平。

四是充分发挥产业集群的产业链引资功能。浙江产业集群现象("块状经济")非常显著。以温州市为例,根据温州市统计局的相关资料,鹿城、瓯海和龙湾区的制鞋、服装、打火机、眼镜、锁具和剃须刀,柳市镇的低压电器,萧江镇的塑料编织,龙港镇的印刷以及蒲州镇的制笔等13大产业集群。这些产业集群通过分工协作、产业配套、原材料供应、技术服务等方面形成较为完善的产业链,是其他产业所无法替代的,它们将成为吸引外资的主要载体。所以,推行"集群式"引资,不仅对外商具有较强的吸引力,而且是实现产业整体升级的有效途径(温州明胶产业整体引进外资是一个很好的佐证)。另一方面,通过产业集群引进外资,也有利于加快外资的"落地生根"。因为在产业集群化的环境下,即使生产成本发生了变化,但由于集群内已经形成了完整的产业链和产业配套关系,大部分企业也不会向外迁移,除非整个产业链条都向外迁移。而且跨国公司与本地企业合作越深入,其根植性就越强,最后和本地产业集群融为一体,就不会出现转移的现象。

五是加快园区建设,提升集聚引资功能。各类工业园区(开发区)、物流园区、主城区、临港产业基地等因其优越的地理位置、便利的交通和齐全的配套设施,成为承接外资的主要载体。抓住开发区整合提升的有利时机,努力构筑有效承接国际资本的大平台。继续加大投入,有限土地指标应向开发区倾斜,提高土地资源利用率,把吸纳资本总量占本地区比重、项目的投入密度和产出率作为衡量开发区引资水平的重要指标。针对各工业园区的产业和特色,明确招商重点和主攻方向,形成若干个以优势产业为龙头的产业集群型先进制造业基地。

5　民营企业境外投资：国际化深化

民营企业境外投资是国际化深化阶段。由于民营企业具有产权明晰、机制灵活、市场兼容性强等优势，今后中国企业对外投资的主体应该由国有企业为主向国有企业、民营企业并重转变。境外直接投资（OUTWARD FOREIGN DIRECT INWESTMENT，下文简称 ODI）是民营企业向海外进一步拓展发展空间的投资行为，是经历了对外贸易、吸引外资等阶段后的企业投资决策。本章先是对国内外关于境外投资动因、效应的理论研究进行综述，再以 1980—2009 年的温州数据为例，对民营企业境外投资进行纵向考察，最后通过温州企业案例分析境外投资效应进行研究，发现境外投资在带动企业对外贸易、产业转移、产业升级等方面都产生一定效应。

5.1　相关理论综述

国内外关于境外直接投资的研究成果丰富，特别是围绕境外直接投资的原因解释及其产生效应提出了许多理论。以下分述之。

一是境外投资动因。以发达国家企业境外直接投资实践为背景，代表性观点有垄断优势理论（海默，1960；金德尔伯格，1969）、内部化理论（巴可利、卡森，1978；拉格曼，1981）、国际生产折中理论（邓宁，1981）、产品周期理论（弗农，1966）、边际产业论（小岛清，1978）等；随着上个世纪 80 年代中国台湾、韩国、印度等发展中国家和地区境外直接投资的兴起与发展，原有的理论无法完全解释它们投资行为。所以学者们在原有理论基础上提出了一些新的理论,代表性的有投资发展周期理论(Dunning,1981)、技术地方化理论(S. Lall,1983)、小规模技术理论(L. T. Wells,1983)、技术创新产业升级理论(J. Cantwell & P. Tolentino,1990)等(见表 5-1)。

表 5-1　不同国际投资理论的主要观点

代表人物及相关理论	主要观点
海默(1960)和金德尔伯格(1969): 垄断优势理论	跨国公司之所以能去外国市场进行投资,是因为其拥有垄断优势:(1)拥有某些知识资产包括技术专利和特殊技能等;(2)拥有规模经济或范围经济;(3)拥有对某些生产要素来源的控制;(4)拥有对某些销售渠道的控制;(5)拥有对产品进行开发和更新的能力;(6)拥有进入资本市场的便利及较强的筹资能力;(7)能利用东道国的有关政策优惠;(8)能绕开某些贸易壁垒;等等。
巴可利、卡森(1978);和拉格曼(1981): 内部化理论	该理论是国际投资理论研究进程中的一个重要进步。将人们视角从最终产品市场的不完全引向了中间产品市场,并用市场失灵的概念扩展了市场不完全概念的内涵。引用了科斯等人的"新厂商理论",分析了国际市场对从事某些类型交易的代价过高和效率过低的原因,从而解释了跨国公司的性质、起源、功能以及国际直接投资的又一深层次的决定因素。该理论回答了企业为什么要以内部市场取代外部市场,为什么要将自己拥有的技术优势或独占的信息在内部转让而不通过外部市场转让给别的企业等一些重要问题。总之,跨国公司从事国际直接投资的动因来自内部化收益。
弗农(1966): 产品周期理论	将产品生命周期划分为三阶段:"新产品"阶段、"成熟"阶段和"标准化"阶段。该理论独到之处在于它将企业拥有的优势视为伴随产品生命周期变化而变化,为当时的 FDI 理论增添了动态色彩。同时,较好地把美国的经济结构、美国企业的产品创新取向以及美国跨国公司海外生产的动机和选址三者联系起来,从而不仅说明了美国跨国公司从事 FDI 的特点,也解释了这些公司先向西欧国家投资、再向发展中国家投资的模式。
小岛清(1978): 边际产业论	认为一国的对外直接投资应该从本国所有产业下列中已经处于或即将处于比较劣势的产业(或称边际产业)开始,并依次进行。依据 FDI 的目的将 FDI 分为四种类型:即自然资源导向型、劳动力导向型、市场导向型和生产与销售国际化型。

代表人物及相关理论	主要观点
邓宁(1981)： 国际生产折中理论	创新地引入区位优势。认为企业境外投资应拥有三个方面的优势：(1)资产垄断优势；(2)市场内部化优势；(3)区位优势。(1)、(2)是企业自身的优势，(3)是东道国对企业而言是否具有区位优势，只有当(1)、(2)与(3)相结合，才能使一个企业进行境外投资。如果企业只拥有(1)、(3)，宜选择契约式进入；如果拥有(1)、(2)，宜选择出口式进入。该理论同时解释了境外投资、出口和技术许可协议的动因。
坎特威尔（John A. Cantwell,1991)和托兰惕诺(Paz Estrella Tolentino)： 技术积累产业升级理论	主要从技术累积过程出发，解释发展中国家的对外直接投资活动。强调境外直接投资前期经验的获得、局部技术的变动和技术积累对境外直接投资后期的重要作用，从而使境外投资具有阶段化特点。该理论提出了发展中国家产业结构的升级过程是企业技术能力提高的过程，而企业技术能力提高则是不断积累的结果；发展中国家企业技术能力的提高是与其对外直接投资的增长直接相关的两个基本命题。

资料来源：根据张小蒂.国际投资导论.杭州：浙江大学出版社,1998:52－86；郭志仪,郑钢.境外直接投资与发展中国家产业结构升级研究.宏观经济研究,2007(8):46－50.

  国内学者关于境外投资的动因研究，代表性的有，吴彬和黄韬(1997)在其二阶段理论中指出，对于发展中国家而言，一般需要先向发达国家东道国进行获得经验的FDI，而后转向攫取利润的FDI。冼国明和杨锐(1998)把发展中国家的境外直接投资分为两类：学习型FDI和竞争策略型FDI。孙建中(2000)提出了中国境外直接投资的综合优势表现在投资动机的多极化、差别优势的多元化、发展空间的多角化等；邢建国(2003)提出有效资本型境外投资理论，境外投资能否开展并不在于资本是否过剩或具有垄断优势，而在于跨国流动资本供给是否有效。

  二是境外投资的效应分析。国际经济学理论认为，境外投资对母国经济的一般效应，体现在对母国产业升级、产业转移、对外贸易等方面促进作用。

  国外研究关于产业升级研究相对比较丰富。关于资本境外输出与产业升级的论题，一类研究肯定揭示ODI对母国产业确有优化升级的正效应。Dunning(1958)和Vernon(1966)在研究美国等发达国家的ODI与产业外向转移的现象时都间接地提出如下观点：这些国家将劳动密集型的制造业转移至发展中国家，反过来促成了本国产业结构朝着资本与技术密集导向的调整。Lipsey(2009)提出，一国通过ODI活动可将生产要素从老产业移到新产业。其案例研究揭示,部分新兴工业化国家借助 ODI 活动由原材料及食品出口国变为高新技术产品出口国,由此实现了产业结构升级。另一类研究揭示了企业 ODI 不仅无益于母国产业升级,而且还会导致国内相关产业的衰败,最有影响的是"产业空心化"观点,最早由日本学者关下稔提出,他认为 ODI 活动会导致母国关联产业投资不足而归于衰败。这一说法首先引起日本经济学界的警觉,"产业空心化"威胁说曾在日本盛极一时,以至引起日本官方关注。1994 年日本《经济白皮书》还曾描述了日本制造业的"空心化"现象。①

国内许多学者对该主题进行了相关研究。赵伟、江东(2010)借助现有研究文献和典型案例,构建了 ODI 之母国产业效应机理系统,借以理清 ODI 与母国产业变迁之间的逻辑联系,并据以提出一个简单的实证检验模型。鉴于中国企业 ODI 起步较晚,迄今规模不大,针对典型省域及典型产业进行的尝试性实证检验显示,ODI 对典型区域的产业升级确有一定正效应,且与区域 ODI 规模呈较明显的正相关关系。郭志仪、郑钢(2007)研究认为,我国应采取顺梯度对外直接投资(优势型境外直接投资)、逆梯度境外直接投资(学习型境外直接投资)两种形式来推进产业升级。陈菲琼、虞旭丹(2009)认为企业对外直接投资有助于建立自主创新能力反馈机制。通过研究,得出了四种主要反馈途径,并在该分析框架的基础上,以万向集团境外直接投资为例进行案例分析,认为企业通过对外直接投资不同方式的选择,产生四种相应的反馈机制:海外研发反馈、收益反馈、子公司本土化反馈、公共效应等机制。常玉春(2010)认为,影响企业 FDI 微观绩效的因素是十分复杂的。企业 FDI 的微观绩效改善还取决于投资企业所拥有的资源、能力和国际化经验,海外分支机构所获得的资源、所发展的能力及其产权结构。获得特定国家、特定行业的知识和经验及吸收外部知识的能力对确保 FDI 成功非常关键。具有垄断优势的企业还倾向于控制海外子公司的产权以获得更好的经营业绩。此外,企业的国际化模式选择和国际化过程控制也显著影响其海外投资的盈利水平。

通过以上对现有文献的讨论,我们可以发现,国外关于企业境外投资研究大多基于发达国家与地区大型企业的实践,国内文献大多偏重于借助国外理论来研究中国企业的实践,而缺乏以典型地区及其中小企业境外投资为素材的实证研究。

---

① 赵伟,江东.ODI 与中国产业升级:机理分析与尝试性实证.浙江大学学报(人文社会科学版),2010(1).

5.2 温州民营企业境外投资的纵向考察

5.2.1 境外投资发展历程

虽然"引进来"的成效不佳,温州在"走出去"即海外投资方面,在浙江省乃至全国均处于领先的地位。近年来温州民营企业境外投资日益拓展,不仅立足于国际国内竞争一体化背景下温州民间自发的需求诱致型创新及外出创业的"走出去"传统,而且依赖于民营经济发展中形成的体制优势、产业集群优势和人力资源优势,以及国家和地区政府为民营企业境外投资营造的良好外部政策环境(严建苗、郑海敏,2005)。

到目前为止,近40万温州人分布在境外各国和港澳台地区,形成了"温州商人满世界跑,温州商品满世界销"的经济现象。温州人多地少,早期的温州人"走出去"是一种谋求生存的手段,自1980年代中后期至今,温州企业"走出去"已成为带动本土经济持续发展的动力之一。2007年、2008年温州境外投资额分别为5900万美元和7386万美元。2009年境外投资额突破1亿美元,合同金额和投资额均创历史最高水平。截至2009年,全市经审批和核准的境外投资企业累计558家,投资总额3.3亿美元,其中中方境外投资额3.1亿美元。温州民营企业境外投资大致经历了三个阶段:

(1)1986—1995年为探索阶段。"走出去"进行境外投资与经营,可追溯到1986年。该年温州市政府在香港设立了国有的第一家境外公司——香港雁荡有限公司,而民营企业境外投资则从1991年在洛杉矶设立的美国康龙农业开发有限公司开始。

(2)1996—2000年为政府推动阶段。在推动浙江制造业到境外投资开展加工贸易、推动设立境外市场的"两个推动"的指导思想下,境外投资日渐发展。带动大量温州产品"走出去"的境外商城的建设就始于该阶段。

(3)2001年至今为自主发展阶段。中国加入WTO后以及全球投资环境不断改善,民营企业实力与规模得到大幅提升,民营企业境外投资的自主性不断提高,企业走出去的数量逐年增长。2001—2009年累计境外投资企业与机构484家,占全部境外企业数的86.7%。

5.2.2 境外投资动因分析

当内外部环境发生变化威胁到企业竞争优势时,企业将尝试利用国外资源和市场机会扭转自身相对弱势,从而提升竞争力。温州民营企业境外投资动因主要分为以下四种:

5.2.2.1 市场导向型动机

(1)带动国内商品出口。商品城带动国内产品出口的作用非常明显,据不完全统计,目前共有约 400 多家温州企业(不包括个人)入驻各类商城,2008 年 1—10 月,商城共带动温州国内商品出口 4.6 亿美元。温州冠盛集团通过在美国、欧洲的境外投资,有效拉动了产品出口,目前已经投资成立了 5 家海外子公司,2009 年实现出口 4425 万美元。

(2)规避各类关税和非关税贸易壁垒。温州由于依附传统的劳动密集型产业,产品附加值低,因此经常成为境外各类贸易保护主义、贸易壁垒的打击对象。金融危机以来,国外的贸易壁垒愈演愈烈,"反倾销"壁垒、技术壁垒和"绿色壁垒"等层出不穷。因此温州企业纷纷通过境外设厂、并购等方式进行境外投资来减少贸易摩擦。2001 年土耳其对中国眼镜设置了贸易保护壁垒后,温州明明光学有限公司主动到土耳其投资建厂,建立了该国第三大眼镜生产企业,直接带动出口 400 万美元。

5.2.2.2 效率导向型动机

利用国外相对廉价的原材料和各种生产要素等,降低企业的综合生产成本,从而提高经营效益,保持或提高企业的竞争能力。如平阳县海星纸张有限责任公司在越南投资设立越南华夏塑业有限责任公司,生产塑料编织袋,成功地将产业层次、技术含量、品牌知名度均较低、资源消耗量较大的编织袋生产基地转移到国外,并利用当地更加廉价的劳动力取得了更好的经济效益,通过几年的利润再投资,使得境外企业的规模和人数都大大增加,企业在当地受到政府和社会各界的好评。

5.2.2.3 技术与管理导向型动机

企业要提升自身实力,必须不断进行产品创新与技术研发,然而有些先进的技术和管理经验不仅难以在国内市场获得,也不易通过公开购买的方式获得,但是可以在境外设立合营企业或收购当地企业获得。2005 年温州冠盛集团以 70 万美元的价格收购了美国南卡罗莱纳州一家濒临倒闭的汽配工厂,以该公司自有品牌的产品打入美国的中高端市场。此外,德力西集团还收购了德国波恩一家电器生产企业,把产品研发中心建到"世界电器王国"里。

5.2.2.4 优惠政策导向型动机

利用东道国政府的优惠政策以及母国政府的鼓励性政策获得。这些政策通常表现在优惠的税收、金融及保险政策等。如自 2010 年 1 月 1 日起,中国—东盟自贸区协定将实施第四批正常商品降税,双方 90% 以上的商品将实施零关税,中国—东盟自贸区将全面实现货物贸易自由化,这将为温州企业开拓东盟市场带来新机遇。

5.2.3 境外投资特点

(1)行业分布以传统优势产业为主,行业范围较为广泛。温州境外投资的行业分布,从最初的批发零售、纺织服装加工业,逐步拓展到电子、机械、资源开发、商务服务、工程承包等行业。目前,全市境外投资的行业以温州传统优势产业为主。截至 2009 年,从投资行业来看,鞋类占 25.3%、纺织服装等其他轻工类占 22.6%、机械电子类占 22.3%,其他农、林、矿等行业占 29.8%。与此同时,服务业境外投资快速增长,酒店、电台等服务业成为境外投资的新兴领域。瑞新集团投资 240 万美元在法国建立瑞新法国酒店开展酒店服务和餐饮经营,温州商人收购了阿联酋、阿尔及尔卫视,成为中方控股的电视台。此外,随着国内自然资源的日益短缺,近几年,温企也加快了在境外进行资源开发的步伐。2007 年,德嘉木业有限公司在非洲刚果(布)森林开发权招标中,一举中标,获得 63.6 万公顷的林地开采权。2009 年,温州鑫宝进出口有限公司在土耳其伊兹米尔省投资 880 万美元开采铬矿。

(2)地区投向以亚洲发展中国家为主,投资区域日益多元化。从投资国别来看,温州市部分传统优势产业呈现向越南等国内轻工业刚起步的亚洲发展中国家转移的趋势。境外开办生产企业一般以加工贸易为主,投资国家主要集中在越南、俄罗斯、乌兹别克斯坦等与我国临近的亚洲发展中国家。近几年来,向欧洲、非洲、北美的一些较发达国家和地区的投资呈现渐增的趋势,投资区域日趋多元化。目前,温州境外投资的地区分布遍及世界 72 个国家和地区(见表 5-2)。

表 5-2　2009 年温州市境外投资国情况表　（单位：万美元）

名　称	项目数	投资总额
越　南	3	2480
俄罗斯联邦	4	1256
乌兹别克斯坦	1	1500
阿拉伯联合酋长国	3	1020
中国香港	4	812
荷　兰	5	423
尼日利亚	2	800
法　国	2	420
加　纳	2	171

资料来源：根据温州市商务局提供的数据整理。

（3）资金来源以内源性为主。据有关资料显示，在参加 2009 年境外直接投资联合年检的 107 家温州企业中，全部境外企业资产中所有者权益占 48％，包括实收资本 40％，其他权益 5％，未分配利润 3％；负债占 52％，包括应付账款 46％（其中 43％为对境内母公司应付款），境外银行贷款 1％，境外公司（主要是境外关联公司）借款 1％，境内公司（或股东个人）借款 2％，其他 2％。由此看出，包括权益资本、对境内母公司应付款和境内公司（或股东个人）借款在内的内源性资金，占到全部资金的 93％以上。出资方式以外汇形式为主。据不完全统计，温州市历年累计的境外投资项目中，外汇资金直接投资占比 51.63％，实物投资占比 17.88％。而 2009 年全市登记的 16 个境外投资项目中，外汇资金直接投资占比高达 85.28％，实物投资占比仅为 14.72％。

（4）民营企业成为境外投资的中坚力量。由于民营企业机制灵活、责任明确、发展原动力强等优势，比较主动开展境外投资，成功率也较高。温州开展境外投资的企业中 97％以上是民营企业。从投资主体来看，民营企业占境外投资绝大部分。根据资料显示，在 2009 年参加境外投资联合年检的 107 家企业中，民营企业有 84 家，投资家数和投资总额分别占全部投资的 73.04％和 85.03％。

5.2.4　境外投资方式

投资方式呈现多元化、规模化趋势。随着国际大环境的不断变化，温州企业境外投资的规模和领域也日渐拓宽，从开始的境外办市场和设立贸易机构、一般性贸易投资发展到今天的境外专业市场、营销网络、资源开发、研发并购、融资上市、工业园区、产品展示中心等多种投资方式,一批境外投资的成功典型脱颖而出。截至 2009 年底,在温州 558 家经批准设立的境外企业和机构中,境外生产型和加工贸易企业 108 家、贸易公司 178 家、经贸办事处 212 家、境外商品城 17 家、境外工业园 4 家、境外研发机构和设计咨询类企业 7 家、境外资源开发 6 家、境外温州产品展示中心 1 家、其他类型机构25 家。归纳起来,温州民营企业境外投资的方式主要有以下五种:

(1)设立境外贸易公司与机构。到 2004 年底,经温州市批准的境外贸易机构 208 家,占境外投资总项目的 85%以上,这些机构一般为贸易公司、办事处,也有连锁店、贸易中心和境外专业市场等。这些机构最直接的功能是,带动本地产品出口。如康奈集团国际专卖连锁,借势打造国际知名品牌,从而提高产品附加值。2001 年康奈集团在法国巴黎开设了我国皮鞋行业首家国外专卖店,至今,该公司已分别在法国、美国、意大利等国家开设了近百家专卖店,开始在国际舞台打响康奈品牌,迈出创造世界知名品牌的步伐。从 1998 年温州市在境外设立全省首家境外专业市场至今已连续设立13 个经过批准的境外市场,带动温州产品出口 11.4 亿美元。

(2)设立境外科研设计中心。产品在优势国家和地区开发,在温州组织生产,在国际市场销售,可以享受到发达国家科研、技术、信息、人才和成果。如 1999 年温州奥康集团在意大利建立办事处和产品研发中心,直接聘请国外优秀设计师担任设计任务;2002 年德力西集团收购了德国波恩一家电器生产企业,在世界电器制造王国建立产品研发中心,利用德国的先进技术和设计理念,开发新产品,并创立了"德兰"品牌。

(3)设立境外生产基地。一是作为绕开贸易壁垒的主要途径和选择,温州一些优势产业如鞋业和眼镜业等在海外设立生产基地,如温州哈杉鞋业在尼日利亚设立了哈杉(尼日利亚)大西洋实业有限公司就是在这样的背景下成立的;二是利用当地资源和开拓市场,民营企业瑞安东风塑料机械厂为了开拓非洲市场,1999 年利用资产设备投资 18.9 万美元,在尼日利亚建立我国第一家生产背心袋的企业,同年 5 份开始基建,8 月投产,一年多点时间产值超过 100 万美元。同时,向当地客户展示了该企业塑料机械设备性能,带动母体公司产品出口 60 多万套,取得了较好的效益。近年来,鑫尔泰、博朗、伊斯利、金鱼王鞋业分别在俄罗斯远东及加里宁格勒投资建厂,被列入浙江省在俄罗斯远东地区开展跨境加工贸易的重点。

(4)进行境外资源开发。早在 2003 年,温州民营企业就已经在越南、老挝一带寻找矿产投资项目,不过规模比较小,多为参股形式。借助东盟打通出口渠道,近年来,不少温州民营企业进入越南等东南亚国家,从事矿产开发。目前投资额最大的越南青化省北海责任有限公司(由平阳县华原和金材料有限公司投资的),是一家合作企业,从事铬矿资源的开发。该公司注册资本金为 22.5 万美元,中方投资了 18 万美元,占 80%,其余的为越方股份。

(5)开展境外并购。2004 年初哈杉收购意大利威尔逊制鞋公司 90% 的股份,实现跨国并购。最初并购时哈杉的动因是:一是利用意大利时尚之都的优势,嫁接品牌;二是利用威尔逊的研发资源,弥补自身原有的不足;三是利用其营销渠道,迅速打开国际市场。同样在意大利收购品牌的还有温州飞雕电器有限公司,以出资 550 万美元收购意大利的 ELIOS 公司(该公司位于米兰,拥有 50 多年历史的墙壁开关企业)的 90% 的股份,2004 年 10 月 18 日签订并购协议,2006 年 4 月基本完成收购。

5.3 民营企业境外投资效应分析:基于温州企业案例

5.3.1 境外投资效应机理分析

赵伟、江东(2010)研究认为,中国是一个处于制度转型期的新兴市场经济体,体制上存在固有特点。最大的特点是"国有"及政府参与的经济背景,由此决定了中国 ODI 本身的特点。其中有两个最为突出的特点:一是 ODI 企业性质多样化,从国有、民营到外资,应有尽有,但其中最大的要数是两股力量,分别为国有企业和民营企业;二是政府参与及干预无处不在,尤其是针对国有企业的干预及参与。实际上,国有企业的 ODI 地域及产业分布带有浓厚的政策导向与政府参与色彩,即使民营企业的 ODI 也受到政府政策导向或强或弱的影响。基于以上观点,在分析我国企业境外投资效应时,有必要对不同性质的企业进行区分。本文重点在于分析民营企业境外投资效应,因此暂时略去国有企业。

民营企业境外投资是企业行为,投资决策由企业内部决定,更体现了市场经济的客观要求。纵观民营企业境外投资实践,将其投资区位分为发展中国家与发达国家,不同区位选择首先是基于不同动因,由此产生不同效应。

第一类是向发展中国家与地区投资。早期投资基本以这类为主,基于开拓国际市场与寻求效率最大化两种动因,即市场导向型与效率导向型境外投资。

一是带动对外贸易。企业以扩大海外市场为动因,通过创建海外营销网络及境外商城,达到带动本地区乃至周边的对外贸易与占领海外市场目的。

二是带动产业转移,由于受本国生产要素限制,如资源稀缺、劳动力成本增加等因素,导致企业在本国生产成本急剧提高,为寻求更好的发展空间,通过绿地投资设立海外生产基地等方式,将生产环节转移海外,达到产业转移的目的。

第二类是向发达国家与地区投资。企业的中后期投资尤其是最近几年的投资呈现这种趋势。企业以寻求技术与管理提升为导向,通过设立研发中心、并购当地企业等途径,从而获取技术并逆向反馈本国企业,提高产品技术含量及提升质量,最终达到产业升级(尤其是产业内)的目的。

梳理以上关系,可以归纳如下框架图(图 5-1):

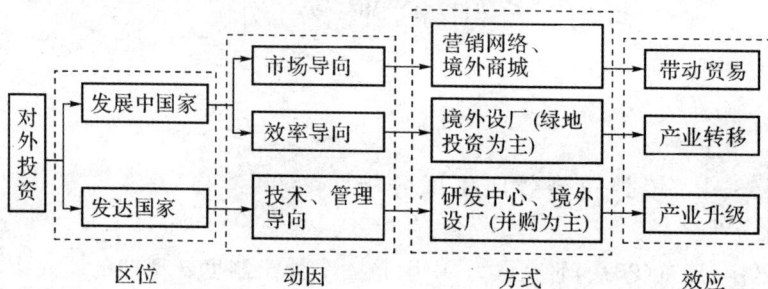

图 5-1 民营企业境外投资效应机理图

5.3.2 境外投资效应的实证研究:温州案例

基于以上机理分析,不难看出民营企业境外投资在对外贸易、产业转移、产业升级等方面都可以给本国经济产生效应,但仍需一定数据或案例加以检验。受地区境外投资规模限制,相关数据不易获取,此处尝试以温州地区典型案例加以检证。

5.3.2.1 带动对外贸易:境外商城

从民营企业国际化过程来看,大多先从事对外贸易,往往因为要越过对外贸易的障碍或构建更好的对外贸易平台,开展境外投资,从这个意义上说,对外贸易先带动境外投资;实现境外投资后又能进一步带动对外贸易。以寻求市场为导向的境外投资,即企业通过构建营销网络或境外商城等形式,将产品输入国际市场。根据国际化经营过程的渐进论,出口贸易应该属于企业国际化的初级方式,即以本国为生产基地向国外输出商品,而设立海外销售网点、组建境外市场应属于较高级的方式,两者之间存在相互带动的关系。

在营销网络建设方面,早在上个世纪末温州民营企业就开始这方面的探索。温州低压电器"巨头"正泰集团为扩大产品的海外市场,2001 年开始在欧洲、北美、南美、中东等地建立办事处和营销网点;温州鞋业"巨头"之一的康奈集团实施国际专卖店连锁战略,2001 年 2 月在法国巴黎开设了我国皮鞋行业首家国外专卖店,目前,康奈已在法国、意大利和德国等多个国家和地区开设了 250 多家海外专卖店。采取国际连锁专卖,目标是实现产品和品牌的双重输出,连锁专卖店经营的是中国温州制造的"康奈"品牌的皮鞋,康奈品牌在海外的销售与影响也日益扩大,外贸出口值超出千万美金。[①] 2011 年,康奈集团皮鞋出口平均单价达 25 美元,比国内皮鞋行业平均出口单价 7.8 美元高出数倍。

2010 年,乐清市柳市镇三家民企联合出资,整体收购法国泰乐玛(Telma)股份有限公司的全部股权,获得了泰乐玛的品牌和销售网络等。目前,该收购项目已成功在国外实现企业运营。另外,温州优势鞋服产业,目前已在意大利或美国设立贸易代表处,作为整个行业设在国外的营销据点。

在境外商城建设方面,温州民营企业走在全省前列。1998 年温州民营企业在巴西创建浙江省首家境外商城——巴西中华商城。根据不完全统计,1998—2002 年温州先后在喀麦隆、俄罗斯、荷兰、阿联酋、美国、蒙古等国建立 7 个境外中国商城(见表 5-3),共有 300 多家民营企业进场经营,这些境外市场带动出口 1.42 亿美元。[②] 2003 年又新建境外商城 3 家,境外商城带来 2.63 亿美元的出口,其中阿联酋的一个商城就带动温州产品出口 1 亿美元以上;[③]2004 年建立境外中国商城 3 家,带动国内商品出口 5.2 亿美元。[④] 至 2008 年共有海外 15 个正常运行的"温籍"商城,带动更多温州轻工产品"走出去"。从实践来看,建设海外商城不失为一种行之有效的方法,也是温

---

① 做大做强 2004 康奈走向世界的碰头彩. www.51fashion.com.cn/BusinessNews/2004-2-12.

② 商界新闻,温州商报[N],2003 年 1 月 16 日(5).

③ 万小军.境外投资带动出口 3.5 亿美元[N].温州商报,2004-1-12(5).

④ 厉蓓蕾等.实际利用外资创历史最高[N].温州商报,2005-1-17(6).

州民营企业"走出去"的一大特色。①

境外商城的投资主体及运作主要有三种形式:一是海外商城的投资主体为国内企业,例如巴西中华商城和俄罗斯彼尔姆中国商品城。在这种商城建设模式中,国内投资主体既要承担商城建设的风险,又要肩负商城日常管理和到国内招商的重任。二是海外商城建设投资以境外华人或中资企业为主,温州市配合招商的机构也出小部分资金投资,例如阿联酋迪拜轻工城项目等。这种方式通过一定的经济利益联系,使政府职能部门能及时从招商配合单位那里了解在境外商城中经营企业的有关情况,保证有关信息传递渠道的畅通,更好地为走出去的企业提供服务。三是以境外华人和中资企业为主要的投资主体,国内企业也投入少部分资金,日常管理由专门机构负责。

表 5-3　温州市批准的境外商城经营一览表(1998—2002 年)

	商城名称	营业额(万美元)	经营户(家)	成立年份
1	巴西中华商城	4869	136	1998
2	阿联酋中国商城	3603	139	2000
3	迪拜中国商城	402	68	2002
4	喀麦隆中国商城	1310	20	2001
5	驻俄罗斯莫斯科贸易小组	2275	14	—
6	荷兰中国城	1700	—	2001
7	蒙古乌兰巴托正品商场	在建		2002
	合计	14159	—	—

资料来源:商界新闻.温州商报,2003-1-16(5).

温州 2012 年要力争培育 10 个境外地区性营销中心,培育 20 个建立境外营销网络的重点企业。该市近日出台的《温州市境外营销体系建设指导意见》明确了这一目标。温州市两年前启动境外温商营销网络建设试点工作,2010 年 6 月,该市商务局牵手温州市服装商会,把温州服装业的贸易代表处建在了意大利马尔凯大区;同年 10 月,罗马设立了温州服装贸易代表处;与此同时,温州鞋业与意大利签署了设立贸易代表处的协议。这些营销试点促成温州鞋服行业与意大利同行签订了 12 项合作、采购项目。今年,温

---

① 由新华社《参考消息》、《国际先驱导报》和新华社世界问题研究中心共同主办的首届"参考消息先驱论坛"上(2003 年 9 月 26 日至 27 日),温州市政府副秘书长厉秀珍作为唯一受邀的地方政府官员,在论坛上做了"创办海外中国商城,推进民营企业走向国际市场"的主题演讲,介绍了温州企业的经验。

州市决定整合提升现有的境外营销网络平台,全面推进境外营销体系建设,鼓励企业通过建立地区性营销中心、并购海外销售渠道、开设品牌连锁店、设立售后服务站等多种方式,建立起跨境从事国际营销和服务的市场拓展体系。按照计划,2012 年温州 10 大出口类产品都要在相应的重点市场地区建立各种形式的境外营销网点,重点推进服装、鞋类、低压电器、汽摩零部件等 10 大境外布点的出口产品。

5.3.2.2　带动产业转移:哈杉鞋业

随着人口红利逐渐下降,低附加值的劳动密集型传统产业生产成本不断提升,国内发展空间受到极大地挤压,很多企业开始考虑海外设立工厂,向海外转移价值链低端的生产环节,通过海外设立工厂(绿地投资为主)、或工业园区,温州哈杉鞋业就是这样的企业。

温州哈杉鞋业有限公司(以下简称"哈杉"),创建于 1991 年 7 月,是一家集设计、开发、生产、销售为一体的民营企业,是浙江省温州中国鞋都的新锐力量。凭借十多年的外销经验,已经成为温州出口创汇大户,HAZAN 品牌成为国际外销市场的一大新秀,在中国的外经贸领域上,占有一席之地。2001 年哈杉开始进入尼日利亚市场,"HAZAN"品牌已经成为尼日利亚鞋业的第一品牌,"HAZAN"皮鞋被当地消费者称为坚实的"石头"。正当哈杉在该市场刚刚站稳脚跟的时候,尼日利亚政府为保护民族工业,2004 年 1 月 8 日宣布禁止进口包括哈杉男鞋在内的 31 种中国商品(现在项目已经扩大到 41 种),一个决策难题摆在哈杉的面前:是坚持还是撤退?哈杉董事会开始了紧急讨论,他们在两周内(2004 年 1 月 20 日)做出决定:在尼日利亚投资设厂。当尼日利亚绝大部分中国商家撤回国内时,哈杉却派出技术人员与管理人员前往尼日利亚,同时在当地招工 100 余人。经过 7 个月的筹备,新工厂的设备机器已经安装到位,8 月 11 日哈杉在尼日利亚投资的哈杉(尼日利亚)大西洋实业公司正式挂牌。

试探性阶段(2004—2007 年):哈杉在尼日利亚的首期投资 200 万美元(含固定资产、半成品及流动资金)。2004 年 12 月底,哈杉海外工厂的第二条生产线开始投产。三年来,哈杉的海外工厂已进入正常运作,产品除供应当地市场外,还销往西非其他国家,而且在解决当地就业、培养管理干部以及带动当地原辅材料、零配件产业的发展等方面产生较好的经济与社会效益。

当地化阶段(2008 至今):为了更好地使海外企业融入当地,推行当地化战略,为此,放弃了原有许多市场,集中大部分资源在非洲市场,并从企业文化、品牌建设及园区建设等推进海外投资的当地化。具体采取如下措施:

企业文化建设。2008年年底实施"安居乐业工程",成为非洲公司最主要举措。加强当地员工技能与语言方面培训,组建当地员工与华人娱乐组织,开展每年度丰富多彩摄影展,进一步消除中非文化、语言、生活习惯的差异。

品牌建设。2009年下半年加强品牌建设。投资财力在当地媒体做品牌宣传,邀请尼日利亚影视巨星曼德拉斯为哈杉"HAZAN"代言做促销、做活动,现哈杉"HAZAN"已被誉为西非国家鞋类第一品牌;公司不断开发新的产品,达到100多项,并全面提高售后服务。

园区建设。2009年9月加快园区建设。当地政府给非洲公司批准了园区建设用地,大约是1100—1200亩地。公司计划按丰田的生产线、沃尔玛的设计规格来建设园区厂房。新厂房建成后,将邀请世界大连锁超市来参观,直接下单给尼日利亚工厂,将可以享受美国对非洲的关税优惠政策,总成本预计下降20%。

2004年哈杉鞋业在尼日利亚投资创办了海外第一个生产基地,最初只能开展制鞋最后一道工序——黏合,到2004年已进入第二条生产线,再到2010年再次增加到8条生产线。哈杉输出冷黏技术工艺,现成为尼日利亚最大的冷黏鞋制造厂。海外企业为尼日利亚当地解决了近千人的就业问题并在当地员工中培养管理干部、技术骨干300多名;无偿帮助当地制鞋企业解决冷黏技术工艺,培养当地供应商、经销商数百人;向当地纳税近800万美元等,这些使哈杉在当地受到欢迎和尊重,并列为友好合作的典范企业。经过八年多的海外运行,哈杉已经较为顺利地实现海外产业转移(见图5-2)。

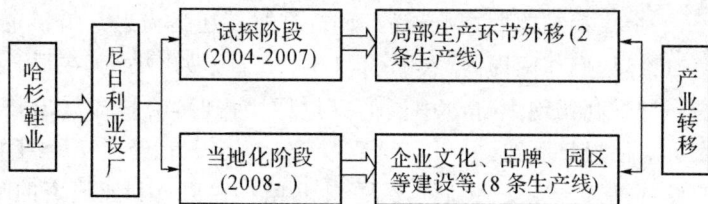

图5-2　哈杉鞋业境外投资带动产业转移机理

5.3.2.3　带动产业升级:冠盛集团

企业要提升自身实力,必须不断进行产品创新与技术研发,然而有些先进的技术和管理经验不仅难以在国内市场获得,也不易通过公开购买方式获得。如果在境外设立合营企业或收购当地企业,掌握并吸收被并购企业的技术、市场、管理等优质资源,反馈母国企业,便可提升产品质量与附加值,并辐射全球其他子公司,实现全球资源有效整合,带动自身产业升级。温州冠盛集团在北美收购当地企业从而达到产业升级就是一个很好的例子。

南卡罗莱纳州是美国工会比例最低、雇佣开支最低的州,同时也聚集了众多美国之外的著名汽车企业:如北美独家德国 BMW 宝马公司装配厂、德国博世(BOSCH)、法国米其林(MICHELIN)等,因此冠盛选择在南卡建厂毋庸置疑。从 2003 年在美国建立第一家公司开始,冠盛的海外公司无一例外地选择与当地掌握较多资源的代理商或合作伙伴合资、由冠盛控股的方式。在南卡州,通过介绍,他们将目标锁定在美国人瑞奇身上。瑞奇是美国汽车零部件翻新协会会长,有着 30 年汽车零部件行业从业经验。瑞奇在南卡州的斯巴达堡(Spertanburg)拥有一家小规模零部件翻新厂,由于美国汽车品牌逐渐将零部件订单转向亚洲,美国汽配企业并不景气,瑞奇的工厂同样面临倒闭的危机。冠盛在美国的重要客户——美国第二大零部件翻新厂与瑞奇联系密切,通过这层关系,冠盛与瑞奇达成了合作意愿。2005 年 6 月,冠盛以 70 万美元的价格收购了瑞奇工厂 70% 的股份,取得控股地位,组建了新公司 GSPNA(GSP Auto Parts North America Co., Inc.),掌握了原公司北美客户资源、汽车零部件翻新技术等。

新公司正式开始投资运作的时候,全体员工是 107 人,其中白人和美国墨西哥人占了大部分,2006 年 1 月,GSPNA 员工已经扩大到 129 人,是该州雇员人数第二大的中资企业(仅次于海尔美国南卡公司)。公司的美国股东瑞奇从原来的 CEO 改任 COO(首席运营官),主抓生产。在合资之后,尽管瑞奇在公司的职务上降了,但其年薪却较此前有了 2 万美元的提高,达到了 7 万美元。合资公司被定位在加工一部分订单,并且为冠盛总部销往美国的产品提供售后服务。2006 年 GSPNA 开始盈利,实现销售收入 1500 万美元,2008 年、2009 年该公司分别实现销售收入 2600 万美元、4425 万美元。此外,合资公司的技术及时反馈冠盛总部,2006 年 12 月 28 日冠盛建立了由32 名大专以上学历科技人员组成的"冠盛集团科学技术协会",2006—2010年期间 17 项科研项目获得国家、省级、市级重点新产品计划,大大提升了冠盛集团的研发能力;此外,客户资源反馈总部并辐射全球子公司,实现全球资源整合,因而有效带动了冠盛总部出口额快速增长,扩大了 GSP 自主品牌在全球尤其是北美的影响力(见图 5-3)。

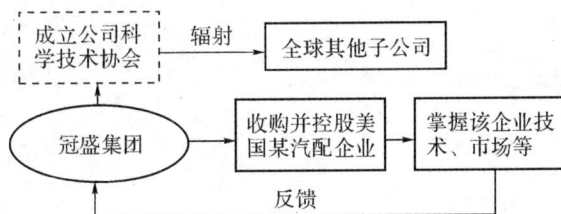

图 5-3 冠盛集团境外投资带动产业升级机理

通过以上三个典型案例分析,可以发现,民营企业境外投资在带动对外贸易、产业转移和产业升级等方面都表现了一定成效,现归纳总结如下(见表5-4):

表5-4　民营企业海外投资效应表现

投资情况 ＼ 企业名称	多家轻工企业	哈杉鞋业	冠盛集团
从事行业	传统轻工业	制鞋	汽车配件
组织形式	众多企业"抱团"	单独	单独
投资区域	巴西、阿联酋、喀麦隆、俄罗斯、蒙古等发展中国家与地区	尼日利亚拉各斯	美国南卡罗莱纳州
投资方式	境外商城	新建境外工厂	并购境外工厂
投资效应	带动母国产品出口	带动母国劳动密集型产业海外转移,产品辐射全球	利用被并购企业的技术与客户资源,反馈母国,并辐射全球其他子公司

资料来源:作者调研整理。

综上所述,作为境外投资真正的市场主体,随着未来中国海外发展战略进一步推进,民营企业在世界经济舞台上将扮演越来越重要的角色。由此,对民营企业境外投资的相关研究显得具有前瞻性与必要性。本章重点采用温州市民营企业相关案例,就其境外投资效应进行初步分析,仅仅还是个案分析,其普遍适应性还有待进一步验证,因此,如何收集微观企业境外投资数据及应用相关模型进行验证是值得进一步探讨的问题。

6 企业主导与政府主导的引资行为比较：以温州、苏州为例

　　我国东部沿海地区温州与苏州两地的引资行为具有较大的可比性。本章在纵向考察与比较分析温州与苏州引进外资实践的基础上，引入企业主导与政府主导的引资行为的概念，并采用 1984—2010 年两地引进外资的相关数据，对两种模式进行比较分析，得出研究结论：温州在引进外资过程中，发挥民营企业的主动性，体现了企业的主导地位；而苏州发挥强势政府的职能，体现了政府的主导地位。两种不同引资行为的缘起背景、引资动因、合作方式、谈判重点及资本效应等方面都存在一定的不同。

　　利用外资是我国政府经济职能的重要内容之一，也正因如此，招商引资就成为考核地方政府绩效的一个重要指标。我国大多数地方政府开展各种方式的招商引资，称之为政府主导的引资行为，苏州就是这样的典型。然后，温州在引进外资中政府并不扮演主导角色，而是以企业为主导力量引进外资，称之为企业主导的引资行为。

6.1　温州与苏州引进外资背景

　　1978 年改革开放以来，借着改革开放的春风，温州和苏州都意识到了新的发展机遇，在改革开放初期我国外汇短缺的情况下，国家大力鼓励出口，使温州和苏州踏上了走向世界之路。

　　温州，自北宋以来就以手工业著名，是当时朝廷开放的对外贸易口岸，

温州具有历史悠久的、发达的家庭工商业发展史。在抗日战争中,温州工商业遭受了巨大的打击,新中国成立后,经济迅速增长却又遭遇十年动乱,到十一届三中全会改革开放的政策出台后,温州手工业开始复兴。由于一些区位上的劣势,温州人多地少,交通又不便利,国家投入少,集体经济薄弱,温州迫于无奈开始走向自主民营的模式,形成初期采用简单的粗放型经济发展模式,以与温州手工业小城市的传统经济模式相复合,以市场机制为核心,家庭工业为基础,股份合作经济为导向的"小商品、大市场"的经济格局。在1992—2004年期间,自改革开放初期走出去的温州人,经过5—10年的发展,逐渐形成规模,开始变成了经营大户,资本积累已达一定程度的承包者、领头人、企业主,以民营经济为主体,政府引导为手段,不断推进民营企业规模化、集团化;工业园区化、产业集群化;区域产品质量化、品牌化;农村人口集聚化、城市化。实现了资源小市向市场大市、经济强市,贫困温州向小康温州的转化。2005年至今,农村工业化和城镇化快速崛起,温州以设备简单、小商品为主、专业化生产、产品周期短、产品变换迅速、以销定产的六大特点创造了区域经济社会发展奇迹的"温州模式"。

苏州,在很早以前就是对外通商的贸易口岸,宋朝时期就是当时最为富庶的地区,到明清时期,已成为全国重要的贸易基地之一。"大跃进"和"大炼钢铁"时期也给后来苏州发展机械制造业、冶金、电子、化工等做了一定的铺垫。改革开放后,1984年苏州成立第一家外商投资企业,随后苏州外商直接投资继续扩大规模,质量和水平显著提高,呈现持续、稳定发展的状态。最初苏州经济以乡镇企业的大发展为起点,形成了特有的苏南模式,当时国际产业资本转移刚刚起步,国内处于社会主义市场经济确立之前,对外开放处于逐步扩大阶段,市场开放度有限,年均吸收外资在5亿美元左右。20世纪90年代中期,在乡镇企业遭遇困境后,苏州利用毗邻上海的优势,迅速转向引进外资和产权改革的道路,由此步入了外向型经济的发展阶段。1993年至2003年苏州实际利用外资约170亿美元,在此期间,引进的项目属于劳动密集型产业,科技含量不高,而且重复引进项目多。21世纪以来,苏州利用外资规模空前扩大,年均利用合同外资在100亿美元以上,引资数额大,项目规模扩大,而且由原来的仅限于来料加工和小型贸易补偿发展成为直接吸收和利用,使苏州经济飞速发展,成就了苏州外向型经济的"龙头地位"。

6.2 温州与苏州引进外资实践回顾

6.2.1 两地引进外资历程

6.2.1.1 温州:从"侨资"到"以民引外"

早在 1984 年温州被国务院列为沿海开放城市,1985 年温州有了第一家中外合资企业(温州广和塑料制品联合有限公司,成立于 1985 年 1 月 16 日,现已注销),到 1992 年各类外商投资企业 302 家,总投资额 4.06 亿美元,协议外资 2.96 亿美元。然而 1993—2002 年的 10 年间,温州累计实际利用外资仅 6.32 亿美元,多数年份引进外资在 5000—7000 万美元之间。这些外资主要来自于海外温州人回乡投资与部分本土企业境外的"迂回投资"(统称为"侨资"),真正引进的"洋人"资本却很少。而这些外资相对本土投资可以说是微乎其微,且引进外资这项指标一直在全省排名居后。然后,2004 年以来随着"以民引外、民外合璧"战略的实施,温州发挥民营企业吸引外资的优势,引进外资逐渐打破了"徘徊"局面,走出了利用外资的"低谷"。如果对温州引进外资进程进行划分的话,它大致可以概括为以下三个阶段:1984—1992 年的起步阶段、1993—2002 年的徘徊阶段、2003 年以后的突破阶段。①经笔者测算,1984—2007 年温州累计实际利用外资仅为 24.39 亿美元,2003—2007 年这 5 年温州累计实际利用外资 17.67 亿美元,相当于 1984—2007 年这 23 年实际利用外资总额的 72.45%,较以往的确有所突破。2007年温州新签外资项目 141 项,实际使用外资 6.18 亿美元,增长 33.5%。

6.2.1.2 苏州:从来料加工到资本积聚

1985 年苏州被国务院列为沿海开放城市。苏州利用外资起步于 20 世纪 80 年代初,当时利用外资的形式主要是来料加工与小型补偿贸易。从1984 年起,开始直接利用国外信贷资金和吸收外商直接投资,利用外资数额

---

① 林俐.温州对外经济与贸易发展分析与展望——温州蓝皮书.北京:中国社会科学文献出版社,2007.

因此成倍增长。1984—1985 年,合同利用外资总额为 1.1 亿美元,是 1979—1983 年总和的 7.78 倍。[①] 1990 年前后,苏州借浦东大开发的东风,不失时机地提出"借助上海、错位竞争、走向世界"的经济国际化战略,带动大量外资积聚苏州。1991 年,批准利用外资项目 428 家,协议外资额 3.91 亿美元,分别是 1985 年的 7.78 倍、4.48 倍。[②] 上个世纪 90 年代末,苏州紧紧抓住国际产业资本加速向长三角地区转移的机遇,大力引进台湾的 IT 产业,沿着"引进外资,带动进口,加工后再出口"的路径,带动国际化的全面发展。2007 年,实际利用外资仅次于上海,居全国第二位,分别占到全省、全国的32.7％和 9.6％。苏州至 2007 年末,实际利用外资累计已达 590.08 亿美元,已开业的外商投资企业达 12506 家。

6.2.2 两地吸引外资比较:基于 1984—2010 年的数据

6.2.2.1 外资规模:温州全部外资不抵苏州单年外资

温州引进外资规模远不如苏州。从总量看,苏州最近几年的单年实际利用外资均超过温州所有年份引进外资总额。例如,2007 年苏州实际利用71.65 亿美元,大大超过了温州在 1984—2007 年引进外资总额 24.39 亿美元。单个项目平均规模更是无法比拟。2007 年苏州项目规模不断扩大,平均单个项目注册外资 908 万美元,比上年增加 210 万美元。新批和增资超千万美元以上项目 1045 个,新增注册外资占全市总额的 92％,其中超亿美元项目 24 个。2007 年苏州 57 家外商投资企业入选全国外商投资企业 500强,而温州却无 1 家。

2008—2010 年,温州实际利用外资逐年下降,实际利用外资额占全国比例不到 1％,三年来的外资实际使用增长率均以负数显示。2007—2010 年,苏州实际利用外资额平缓上升,仍然占据着全国外资引进数额的 10％左右,但增长率较全国水平相比,增势缓慢,体现出苏州引进外资已经遇到发展瓶颈(见表 6-1)。

---

① 周德欣,周海乐.苏州和温州发展比较研究——区际比较的实证分析.苏州:苏州大学出版社,1997:73.

② 同上。

表 6-1　2008—2010 年温州、苏州及全国实际使用外资量　（单位：亿美元）

	温　州		苏　州		全　国	
	实际利用外资额	年增长率（%）	实际利用外资额	年增长率（%）	实际利用外资额	年增长率（%）
2008	2.62	−57.6	81.3	13.5	924	23.6
2009	2.34	−10.4	82.2	1.2	900	−2.6
2010	1.76	−25.1	85.33	3.7	1057	17.4

资料来源：温州 2007—2009 年统计年鉴，苏州 2007—2009 年统计年鉴，中国 2007—2009 年统计年鉴。

6.2.2.2　外资结构比较：温州传统制造业与苏州先进制造业

温州引进外资主要集中于传统制造业，而且与温州主导产业比较吻合，如鞋业、服装业、低压电器、皮革、汽摩配件等。2005 年新注册的制造业项目 189 个，占总项目的 84.38%。世界服饰、鞋革、泵阀、电器、明胶、颜料等产业纷纷向温州转移，形成国际制造基地。[①]

苏州引进外资主要投向资本、技术含量较高的产业，目前已形成电子信息、精密机械、精细化工、生物医药等高新技术产品的生产、出口加工基地。2002 年前后，苏州积极营造优越的投资环境，吸引了国际上一大批知名的拥有高新技术世界 500 强企业及跨国公司前来投资办厂，尤其是电子信息产品制造业，已成为全国的重要生产、出口加工基地。截至 2002 年中国台湾、日本、欧美等国家与地区的投资额已达 191 亿美元。产品主要有显示器、主机及主机板、手提电脑、驱动器、键盘、扫描仪、鼠标等，年出口产品达 70 多亿美元。2007 年先进制造业项目不断增多。新批制造业项目全部属于国家鼓励类项目，注册外资 140.1 亿美元，占全市总额的 76.3%。其中，机械类和电子通信类项目注册外资分别为 65.9 亿美元和 34.9 亿美元，两项合计占制造业注册外资总额的 71.9%。

6.2.2.3　外资来源比较：温州"侨资"与苏州世界 500 强

温州是全国著名侨乡，40 多万温州人在海外创业与经商，改革开放后，受国内外资优惠政策的吸引或应国内家属亲戚的需求，有了一定资本积累的海外温州人纷纷回乡投资（"侨资"），大多与家属亲戚相关成立合资企业，[②]资本来源地主要来自于海外温州旅居集中的荷兰、法国与意大利等。

---

① 　温州市外经贸局.温州市开放型经济"十一五"发展规划.2005(12).
② 　上个世纪 80 年代末到 90 年代初，一些温州产品曾被扣上"假冒伪劣"的称号，企业纷纷引进外资，成立合资企业作为"保护伞"。

直到 2003 年前后,引进外资来源趋向多元化,逐步向中国香港和台湾、美国、日本、欧盟并重方向发展。也就是说,真正意义上的外资开始"登陆"温州,出现民营企业与国际知名企业的结盟。

上个世纪 90 年代末,苏州抓住国际产业资本加速向长三角地区转移的机遇,大力引进中国台湾的 IT 产业,之后兴建了各类国家级与省级工业(开发)园区,引进来自中国香港、新加坡、美国、日本、欧盟等各地资本。受苏州日益完善的投资环境的吸引(苏州曾被海外客商誉为"投资天堂"),世界 500 强企业纷纷落户苏州。到 2007 年苏州共计引进 122 家世界 500 强企业,投资项目 375 个,注册外资 80.1 亿美元。来自美国、日本与法国的世界 500 强各 33 家、36 家与 14 家,占总数的 68.03%[①]。仅 2007 年,就有 10 家世界 500 强企业落户苏州,投资项目 26 个,注册外资 11.3 亿美元。

6.2.2.4　外资利用业绩指数:温州远小于苏州

外资利用业绩指数是指在一定时期内,该地区 FDI 流入量占全国 FDI 流入量的比例除以该地区 GDP 与全国 GDP 的比,计算公式为:地区 FDI 业绩指数=$(FDI_{地区} \div FDI_{国家}) \div (GDP_{地区} \div GDP_{国家})$。该指数的计算方法可以消除经济规模的映像,得出较合理和客观的数据结果,如果指数大于 1,说明该地区吸收的外资相对于本身规模而言要大;如果指数小于 1,则表明该地区较全国水平而言,吸引外资的竞争力较弱,也与其经济规模不相当;如果指数等于 1,则表明该地区占全国 FDI 流入量与其占全国 GDP 份额相等。

根据利用外资业绩指数的计算公式,本节计算了 2007—2010 年温州、苏州利用外资的业绩指数(见表 6-2)。温州外资利用业绩指数,四年来利用外资业绩指数平均值都小于 1,且与 1 相差甚远,这说明温州外资引进利用规模与其本身的经济规模并不相称。温州跟苏州的差距巨大,苏州业绩指数居高不下,是温州的数十倍,这也说明了苏州的外资规模之巨大。

表 6-2　2007—2010 年温州、苏州利用外资业绩指数比较

	2007	2008	2009	2010	平均数
温州	0.94	0.35	0.34	0.23	0.47
苏州	4.14	3.94	4.14	3.48	3.93

资料来源:温州 2008—2011 年统计年鉴,苏州 2008—2011 年统计年鉴,中国 2008—2011 年统计年鉴。

---

① 苏州市外经贸局.苏州市对外经贸 2007 年年报,http://www.szhboftec.gov.cn.

6.3 温州与苏州引资行为：
企业主导与政府主导

通过温州与苏州两地引进外资实践对纵向考察，以及对两地引进外资在规模、结构与来源等比较分析，两地在引进外资的很多方面存在很大的差异，到底是什么原因引起的，本文拟对从引资主体角度进行考察，提出企业主导与政府主导两种不同的引资行为，并对两者进行阐述分析。

6.3.1 温州：企业主导的引资行为

早在1984年温州就被列为全国14个沿海开放城市之一，获得了引进外资的"准特区"权限与优惠政策。[①] 虽然地方政府也先后发布了一系列文件，出台了一系列优惠政策，希冀模仿广东与苏南，加快区域引进外资步伐，但都没有起到预期作用。温州工业化模式的一个显著特点就是资本的内源性：基本依靠民间投资驱动，最大限度地利用国内资源与国内市场，由此，国际资本很少进入温州。2003年以来，受被人们称之为"成长烦恼"的生产要素荒的影响，包括土地、电、水、原材料、资金等生产要素和生态环境的严重制约，温州经济发展遭遇了"天花板效应"，亟须创新发展模式。2004年温州市提出并实施"以民引外、民外合璧"战略，充分发挥民营企业吸引外资的优势，以民营企业为载体以合资的形式组建新企业，实现企业有效对接与提升。这种以企业为主导的引资行为，体现了企业在引进外资中的主导地位，而政府为企业提供服务。"以民引外"使得温州迅速摆脱了利用外资的"徘徊"状态，2004—2007年利用外资规模有了较大突破，更重要的是伴随着资本引进了国外先进技术、管理模式、营销网络与国际化人才等。

6.3.2 苏州：政府主导的引资行为

20世纪90年代中期以前的苏州，执行的是政府主导型（Government-

---

① 国家工商总局1998年首次授权包括温州在内的14个沿海开放城市的工商局外资企业的注册权，温州市工商局取得外资企业注册权比浙江省还要早。

led)的"苏南模式",强势政府的传统使得地方政府具有主动促进当地经济发展的意识,并有能力开展以政府为主导的招商引资,从项目规划、寻商、谈判、落户实行全程一体化服务。苏州的招商引资工作在 1990 年前后开始大力推进,苏州借"浦东大开发"的东风,适时提出"借助上海、错位竞争、走向世界"的经济国际化战略。20 世纪 90 年代末,苏州抓住国际产业资本加速向长三角地区转移的机遇,大力引进中国台湾的电子信息产业,同时,凭借多个国家级、省级(开发)园区,引进来自中国香港、新加坡、美国、日本、欧盟等各地产业资本。这种以政府为主导的引资获得巨大成功,2007 年实际利用外资仅次于上海,居全国第二位,分别占到江苏省及全国的 32.7% 和 9.6%,不得不说政府在其中起到了重要的推进作用。

6.4 两种引资行为比较

温州与苏州在引进外资过程中,企业与政府扮演了不同的主导地位。结合温州、苏州两地相关数据进行比较分析后发现,两者在以下五个方面存在不同之处:

6.4.1 缘起背景不同

温州是我国民营经济的发祥地,民营企业成为温州经济发展的主导力量,占全市工业产值的比重很高(很多年份在 90% 以上)[1],温州形成令人瞩目的"温州模式"。同时,温州民间资本充裕,截至 2003 年末,温州辖区内民间资本存量约 2770 亿元[2],温州工业化启动初期主要依赖区域内的民间资本,对国外资本的依赖性很低。由此,改革开放后的很长时间内,各级政府对"要不要引进外资"存在争议与质疑,政府在引进外资方面没有统一思想,也没有"强硬"的手段,一直有些"无所作为"。而民营企业在遇到发展"烦恼"的时候,需要借助外资力量的时候,就出现了企业主导的引进外资行为。

改革开放以后,苏南地区的发展形成了当时闻名全国的"苏南模式",并形成以下五大特征:以区域性集体经济为主体,以乡镇工业为支柱,以农、

---

① 根据温州统计年鉴(2000—2006 年)数据计算,1999—2005 年民营企业工业产值分别占 93.4%、93.2%、92.6%、92.5%、91.8%、91.4%、89%.

② 蔡灵跃等.温州民间资本的发展与引导研究.http://bbs.tiexue.net/post_985337_1.html.

工、副三业协调发展为基础，以横向经济联合为纽带，以共同富裕为目标。当时的乡镇工业发展为日后的引进外资打下良好的基础：强势政府、工业基础、管理与技术人才等。20世纪80年代后期，由于乡镇企业的本身问题及其竞争力的急剧下降，苏州开始调整发展战略，扩大对外开放，以引进外资为突破口，带动地区经济的快速增长。

6.4.2　引资动因不同

企业在实施引资战略的背后都有着较为明确的微观动因，更注重考虑引进外资能给自己的企业带来什么。根据笔者早先所做的一次调查发现，虽然温州企业基本不把引进外资作为主要动因（因本土民间资金十分充裕，融资成本较低），然而引进外方先进技术、改造管理模式、提升品牌知名度、利用外方营销渠道已成为温州企业引进外资的主要动因。

利用外资是我国政府经济职能的重要内容之一，也正因如此，招商引资就成为考核地方政府绩效的一个重要指标。在GDP中心主义的传统发展观的引导下，政府引资带有宏观动因，侧重考虑引进外资是否能带动本地经济的发展，比如促进地区GDP增长、增加税收、扩大就业、带动外贸、产业升级等指标的改善。

6.4.3　合作方式不同

企业主导的引资行为中，中外合资成为双方首选方式。中外企业在寻找合作伙伴过程中，从认识、谈判到合作，最后以资金为纽带走在一起，大都采用中外合资方式。尤其是温州企业为提升企业竞争力在寻找同行业的合作者，最后与自己的同行采用合资方式开展合作。2005年温州新批的224家外商投资企业中，中外合资企业143家（中方均为民营企业），民外合资项目占63.84%。2007年1—2月，温州新批外商投资企业15家，投资工业项目12个，占全市项目总数的80%，其中以民引外项目10个。①

基于我国加入WTO后国内投资环境和前景的变化、跨国公司全球化战略以及中外合资企业内部冲突等多种原因，外商在华投资出现了独资化趋势。政府主导的引资正好为实现这种独资化投资方式提供了条件与方便，因为非市场主体地位的政府不可能与外商企业之间达成合资与合作。2007

---

① 外商投资企业新添15家. http://ftec.wenzhou.gov.cn/wzwjm/xxdt/xxdt/userobject1ai448.html.

年苏州投资形式继续以独资为主。全市新批外商投资项目 2022 个,其中外商独资项目 1743 个,注册外资 161.38 亿美元,同比增长 10.38%,占全市比重 87.88%;平均规模 922.89 万美元,同比增长 18.23%(见表 6-3)。

表 6-3   2007 年苏州市利用外资投资方式分类表   (单位:万美元)

	项目数(个)	注册外资	同比(%)	占比(%)
全　市	2022	1836349	15.32	100
合资企业	270	212117	74.36	11.55
合作企业	9	8845	5.61	0.48
独资企业	1743	1613826	10.38	87.88
股份制企业	0	1561	392.43	0.09

资料来源:苏州市外经贸局.苏州市对外经贸 2007 年年报,http://www.szhboftec.gov.cn.

6.4.4　谈判重点不同

企业主导的引资行为,谈判是在双方企业间展开,地方政府的优惠政策不会成为引进外资的最重"砝码",而合资企业的控股权、治理结构、引进技术、市场份额、原有品牌安排等成为双方的谈判焦点。以浙江嘉利特公司泵业与日本荏原制作所合资谈判过程为例(2003 年 2 月正式签约)。① 谈判的进展是艰难的,嘉利特和荏原合作主要就是想引进对方的核心技术,并不图仅仅有个合资的虚名。由于日本国家法律规定,只有日资控股,核心技术才能向合资企业开放。嘉利特是一家家族企业,起初股东们都不能接受这个条款,但为了企业的长远发展,最后不得不接受 49%(中方)对 51%(外方)的股权比例。但中方保证了委任总经理、指派财务总监和增资扩股三大权益。在国内市场销售时,合资企业采用联合品牌"荏原·嘉利特"。

政府主导的引资行为,争取更多的优惠政策成为外商谈判的焦点。而为了吸引外资,政府不得不突破各种政策底线。外商也知道政府引进外资的急切心理,不断地提出各种苛刻要求。当地政府往往采取修建包括交通、通信、电力、自来水、邮政等配套设施,低价出售或批租土地,给予税收优惠等措施;其中有许多是必要的合理的,但也有一些优惠措施,例如为外资筹建配套的政府服务部门等,导致地方政府付出了过于高昂的成本。苏州的工业用地开发成本平均为每亩 20 万元,为吸引外资进入本地,将地价压至每

---

① 日本荏原制作所具有 90 多年的历史,现为世界制造业 500 强之一(1999 年排名 372 位),为世界最大的泵业制造商。

亩 15 万元;周边的吴江地区将地价压到每亩 5 万元的低水平;在江苏昆山,每亩工业用地的价格从 2001 年的 9.5 万元降低到 2002 年的 8 万元,再降到 2003 年的 6 万元。[①] 2003 年 LG 机械在长三角寻找投资,苏州与无锡招商部门曾经经历了一番激烈的"争夺战",竞相开出比对方更优惠条件,最后以无锡的方案的专业、策略的跟进与谈判的持久而取胜。[②]

6.4.5 资本效应不同

企业引进外资带来的效应表现在改善企业的微观运行,而且效应往往基于其引进外资的动因。企业在引进外资时,往往会有各种动因:引进外方先进技术、管理模式、营销网络等等,如果合资企业运行成功的话,就可以实现以上的各种动因。采用合资方式更有利于吸收外资的"溢出效应"。以夏梦·意杰(中国)服饰有限公司为例,该公司由浙江夏梦服饰有限公司(家族企业,由陈氏三兄弟创办)与意大利杰尼亚集团于 2003 年 3 月合资而成。[③] 中外双方各出资 50%,合资后的董事会由六人组成,双方各三个人。董事会下设管理委员会,由四人构成,中外方各两人。外方派遣意大利籍的 Tosco (他自取的中文名字叫陶石)担任首席执行官(CEO)负责公司的管理,经过 5 年的运行,已将原来的家族式管理模式顺利过渡到规范的管理模式。正如其董事长陈孝祥说过,合资目的之一就是对原先的家族企业经营模式进行改造,形成现代企业的治理结构。

利用外资在带动当地经济发展、扩大税收和对外贸易等方面起到不可忽视的作用。改革开放以来,苏州经济取得了辉煌成就,成为全国经济最发达地区之一。苏州以占全国 0.09% 的面积和 0.46% 的人口,创造了占全国 2.4% 的生产总值,2.5% 的财政收入,10% 的外贸进出口总额。但也有不少学者认为,苏州盲目引进外资,甚至大搞"外资崇拜"与"内资歧视",加剧了外资企业与本土企业的竞争,后者发展空间受到人为挤压,由此,苏州患上了"外资依赖症",给苏州经济发展留下"硬伤":国企与民企发展的尴尬、技术创新的空洞化、外资优先的"融资习惯"以及老百姓的收入并未明显提高等。

苏州大多数经济指标都高于温州,特别是在国内生产总值、人均国内生

---

① 李文星,尹鹏程. 构建地方政府利用外资的科学机制. 国际经济合作,2007(5):20—23.
② 周扬. 长三角城市明争暗斗. 21 世纪经济,2004-11-8.
③ 杰尼亚集团是拥有近百年历史的家族企业,在意大利是享有全球声誉的纺织服装巨头。它在全球有 390 家专卖店,138 家全资公司,分布于 64 个国家。至今杰尼亚专卖店在中国已经达到 34 家。——来自 http://www.texindex.com.cn/Articles/2003-4-2/10730.html.

产总值、财政总收入、工业总产值及实际利用外资额几项指标上都远远地把温州甩在了后面,但是在城镇居民人均可支配收入这一项,温州却超过了苏州,2009 年苏州的城镇居民人均可支配收入仅为苏州人均国内生产总值的24.7%,而同年温州数据是 86.0%。比较相关数据可知,苏州的城镇居民人均可支配收入占人均 GDP 的比重逐年下降,这说明,苏州的高速经济增长并没有转化成为人民手中的人民币;温州的情况则完全不同,在各项指标均低于苏州的情况下,城镇居民人均可支配收入高于苏州,且在人均 GDP 中占较大比重,甚至一度出现人均可支配收入高于人均 GDP 的情况。

苏州的发展模式是由原本的"苏南模式"衍化而来,经济主体由原先的乡镇企业转变为外资代工企业。苏州为了大力引进外资,给予了外资很多的优惠政策,甚至是内外资两种管理办法,在苏州的大多数外资企业中,中国人能在高管位置的极少数,也就意味着高薪层级别中国人很少了,得到工资大多数是来自出卖廉价劳动力;温州民营经济创造的 GDP 大多转为了国民收入,而苏州创造的 GDP 则变成外资的利润装进了别人的腰包,成为他国的 GNP。所以出现了人均创造的产值高,收入却很低的情况,长久发展必然对我国经济有效发展造成不良的影响。

表 6-4　温州、苏州人均 GDP 与人均收入的比较　（单位:元）

		2008 年	2009 年	2010 年
温州	人均 GDP	31555	32595	37366
	城镇居民人均可支配收入	26172	28021	31201
	农民年收入	9469	10100	11416
苏州	人均 GDP	64627	106412	87648
	城镇居民人均可支配收入	23867	26320	29219
	农民年收入	11785	12987	14460

资料来源:温州市国民经济社会发展统计公报,2008—2010 年;苏州、中国的数据也引自同期公报。

6.4.6　结　论

通过以上分析,初步可以得出以下几个结论:

6.4.6.1　温州、苏州实际利用外资具有较大的差异

温州引进外资规模远不如苏州;温州外资主要投资于本土传统产业,而苏州主要投资于机电与高新产业(先进制造业);温州外资主要来源于海外

温州人的投资,而苏州主要来源于向长三角产业转移的大量国际资本。

6.4.6.2 温州、苏州两地的引资行为具有较大的可比性

温州在引进外资过程中,发挥民营企业主动性,体现了企业的主导地位;而苏州发挥强势政府的职能,充分体现了政府的主导地位。从温州、苏州两地的实践看,两种引资行为的缘起背景、引资动因、合作方式、谈判重点及资本效应等方面都有着较大的差异。

6.4.6.3 温州与苏州仅为典型范例

本章的结论是基于对温州、苏州两个东部沿海开放地区的案例研究得出的,仅是一个典型范例,还有待于进一步拓展与深化。对中国其他地区民企引资行为模式的研究,从中挖掘出其他新的引资行为模式,仍是一个极其有意义的命题。

7 民营企业国际化方向偏好比较：
以温州、苏州与泉州为例

企业国际化是指企业积极参与国际分工,由国内经营向跨国经营的过程。企业国际化强调的是一个过程,而且是一个双向过程,具有内向和外向两个不同的方向。根据文献查阅,关于外向、内向国际化的关系及偏好,目前学术界关注的并不多。现有研究认为,企业开始国际化时会倾向于内外,内向、外向两者之间有一个先后次序的关系。换言之,内向国际化是外向国际化的基础与条件,同时,两者之间又具有相互影响和推进的动态关系(Lawrence S. Welch and Reijo K. Luostatinen,1993;Tore Karlsen,Pal R. Silseth,Gabriel R. G. Benito and Lawrence S. Welch,2003;鲁桐和李朝明,2003)。笔者认为,以上观点大多基于对国内外大型跨国公司国际化实践的考察得出的,强调的是内向与外向的次序与动态关系。事实上,对于我国大多数企业而言,其内向、外向次序是相对模糊的,而在特定条件下对内向、外向却存在明显的偏好。为此,本章引入方向偏好概念,以我国沿海小地区温州、苏州和泉州企业(以下简称"三地企业"或"三地",排序同上)为例,对三地企业国际化方向偏好进行评价与比较,温州、苏州与泉州企业国际化总体表现出不同的方向偏好:外向、内向及"中间路线"。在影响偏好形成的众多因素中,区位条件、政策环境与要素结构三个因素能较好地解释不同方向偏好的形成原因;同时,不同的方向偏好使得三地企业的贸易结构,即贸易主体与贸易方式有所侧重,而且三地的对外开放度则表现为苏州最大,其次是温州与泉州。

7.1 民营企业国际化小区域模式

中国企业国际化在不同产业之间、不同所有制企业之间的模式有别,这一点已为先前的研究所证明(赵伟,2008)。沿着这个思路还可以发现,民营企业发达的沿海小区域之间,企业国际化亦呈现出不同的路径模式。这方面温州、苏州与泉州三个小区域之间具有典型意义。本章主旨,就在于通过对这三个小区域民企国际化现实进程的考察,找出路径模式的差异。

改革开放以来,温州、苏州与泉州企业把握先机,推行国际化发展战略,走出了各自具有特色的国际化模式。对于三地国际化模式,可以从不同角度或视角展开讨论。本章倾向于立足内向国际化与外向国际化的视角,三地企业的国际化大致可以概括为以下三种模式。

7.1.1 温州企业:以"走出去"为特征的外向模式

改革开放以后,温州率先发展私营经济。在国际化方面,温州民营企业采取以"走出去"为特征的外向国际化模式,即企业以本土为中心向外扩展,采取出口贸易和境外投资等主要经营方式,从而带动本土经济的发展。

(1)出口贸易占主导地位,境外投资较为出色。温州 2008 年外贸进出口总额 139.92 亿美元,比上年增长 14.2%;出口总额 119.04 亿美元,增长 17.3%。民营企业境外投资发展迅速,全年新批设立境外机构 43 家,中方境外投资总额 7386 万美元,比上年增长 25.2%。民营企业创办海外商业城,开发境外矿产资源,境外投资实现较快增长。

(2)进口贸易与引进外资相对平淡。温州 2008 年进口总额 20.89 亿美元,下降 0.6%;2008 年新签外资项目 69 项,新签协议项目金额 4.60 亿美元,实际利用外资 2.62 亿美元。受全球金融危机、国内宏观政策调整以及新所得税法的出台等影响,温州利用外资出现较大幅度的下降。经笔者测算,1984—2008 年温州实际利用外资仅为 27.01 亿美元,不及一些发达地区单年引进外资的水平(2008 年苏州实际利用外资 81.33 亿美元)。

(3)贸易结构为本土企业的一般贸易。温州采用贸易主体和贸易方式来说明贸易结构,其中,贸易主体以外资企业和本土企业的出口比重来表示,贸易方式以一般贸易与加工贸易的比重来表示①。由此,温州的出口主体为本土企业,并以一般贸易为主。2008年温州本土企业出口103.03亿美元,比重为86.55%;一般贸易出口为112.31亿美元,占总出口额的94.35%;加工贸易出口仅占5.65%(见表7-1)。

7.1.2 苏州企业:以"引进来"为特征的内向模式

苏州企业选择了以"引进来"为特征的内向模式,即企业以本土企业为中心吸引国外资本,主要采取引进外资、发展加工贸易等主要经营方式,从而实现本土经济的发展。

(1)引进外资十分显著。2008年苏州市利用外资优中有升,项目质量显著提高,新批外资项目1462个,合同外资163.9亿美元;实际利用外资81.33亿美元,增长13.5%,新增开业投产外资企业1056家。2008年苏州实际利用外资仅次于上海,居全国第二位,分别占到全省、全国的32.4%和8.8%。显然,苏州利用外资无论在规模和质量上都要大大超过温州。

(2)境外投资相对较弱。2008年对外工程承包劳务经营领域不断拓宽。全市新批境外投资项目63个,中方协议投资额2.05亿美元,增长57.6%,位居江苏省首位。刘志彪、张晔(2005)研究认为,苏州境外投资以外资企业的再投资为主,本土企业投资额仅占境外投资的7.3%左右(刘志彪、张晔,2005),依此推断,本土企业境外投资却很少(约1496.5万美元),这不同于温州的情况:温州境外投资主体很少有外资企业。

(3)贸易结构为外资企业的加工贸易。2008年进出口总额达2285.26亿美元,其中出口1317.23亿美元,占57.64%;若按出口主体来划分,外资企业出口占86.8%,若按贸易方式来划分,加工贸易出口的比重为78.33%。可见,这与温州的情况相反,虽然苏州出口贸易规模远远大于温州,但主要是外资企业的加工贸易,还是要"归功"于"引进来"(见表7-1)。

7.1.3 泉州企业:以"中间路线"为特征的内向、外向结合模式

泉州企业选择了内向、外向结合的国际化模式,即通过引进外资嫁接乡镇企业和创办外资企业,主要采取引进外资和出口贸易等经营方式。泉州企业走的"中间路线",许多指标均介于苏州与温州之间。

---

① 根据海关统计口径,贸易主体分为国有企业、外商投资企业和其他企业三类,本章为便于说明问题,将国有企业与其他企业合并为本土企业。

(1)引进外资相对较强。2008年新签合同外资项目140项,实际利用外资23.50亿美元,增长28.7%。截至2008年,泉州实际利用外资161.33亿美元,规模介于苏州与温州之间。

(2)出口贸易与境外投资相对较弱。2008年进出口总额达85.21亿美元,其中,出口57.96亿美元,占68.02%,进口27.25亿美元,占31.98%。2008年批准境外投资企业23家,境外投资金额1829万美元。出口贸易与境外投资指标都小于温州与苏州。

(3)贸易结构为本土企业与外资企业的融合出口。2008年泉州加工贸易出口8.67亿美元,占14.96%;一般贸易出口占85.04%;出口主体中本土企业与外资企业比重相当。泉州不同于温州与苏州,虽然外资企业出口占据一定比重,但还是以一般贸易为主,其贸易模式属于本土企业与外资企业的融合出口(见表7-1)。

表 7-1　2008 年温州、苏州与泉州出口贸易结构

地区	贸易主体				贸易方式			
	本土企业		外资企业		一般贸易		加工贸易	
	出口额(亿美元)	比重(%)	出口额(亿美元)	比重(%)	出口额(亿美元)	比重(%)	出口额(亿美元)	比重(%)
温州	103.03	86.55	16.01	13.45	112.31	94.35	20.88	5.65
苏州	174.16	13.2	1143.07	86.8	278.16	21.67	1005.23	78.33
泉州	27.01	46.59	30.95	53.41	49.29	85.04	8.67	14.96

数据来源:根据2008年温州、苏州与泉州国民经济和社会发展统计公报(三地统计信息网)的数据计算。

7.2　民营企业国际化方向偏好测算与比较

基于企业国际化内向、外向的划分,国际化方向偏好讨论的是,在多种因素作用下,企业国际化侧重于选择何种方向:外向、内向还是两者兼顾等。目前国内外关于国际化偏好仍没有相应的评价与测算方法。本章拟考虑以下两个因素去构建评价指标体系:一是内外向国际化的相对比重指标,即进出口比重、引进外资与境外投资比重;二是考虑地区 GDP 因素,引入进出口贸易依存度、引进外资与境外投资依存度等指标。将以上指标按内向、外向

进行整理,可以得到以下评价指标体系(见表7-2)。选取 2006 年三地企业的国际化代表性数据进行测算,在暂不考虑各项指标权重的情况下,采用"大、中、小"三个等级进行比较,由此得出三地企业的国际化方向的总体偏好。

表 7-2　内向、外向国际化偏好的评价指标体系

内向偏好	外向偏好
进口贸易比重	出口贸易比重
进口依存度	出口依存度或一般贸易出口依存度
引进外资比重	境外投资比重
外资依存度	境外投资依存度

7.2.1　内向、外向国际化偏好的测算

(1)三地进出口贸易比重。2006 年三地进出口贸易额分别为 98.94 亿美元、1742.64 亿美元、54.91 亿美元,其中进口分别为 18.13 亿美元、795.79亿美元和 14.54 亿美元,比重分别为 18.32%、45.67%和 26.48%,相应地,出口比重分别为 81.68%、54.33%和 73.52%。

(2)三地引进外资与境外投资比重。2006 年三地总资本跨国流动(引进外资+境外投资)分别为 4.99 亿美元、61.80 亿美元、14.66 亿美元,其中,境外投资分别为 3640 万美元、803 万美元和 532 万美元[1],比重分别为7.21%、0.13%、0.36%,相应地,引进外资比重分别为 92.79%、99.87%和99.67%,其中苏州与泉州很接近,主要是两地境外投资相对于引进外资都非常小。

(3)进出口贸易依存度。2006 年三地国内生产总值(GDP)分别为1834.38 亿元、4820.26 亿元和 1900.76 亿元,按进口依存度=进口额/国内生产总值(GDP)计算,三地企业进口依存度为 7.72%、128.94%和 5.97%[2]。

考虑到三地企业加工贸易比重相差悬殊,比如苏州企业加工贸易比重非常高(2006 年为 82.56%),其出口加工品的价值中包含了大量的进料价值(进口),为避免重复计算,采用一般贸易依存度比较合理。按一般贸易出口

---

[1]　苏州境外投资以外资企业的再投资为主,本土企业投资额仅占境外投资的 7.3%左右。依此推断,2006 年苏州境外投资额为 1.1 亿美元,本土企业的境外投资约为 803 万美元,而温州与泉州的境外投资主体很少有外资企业,所以后者能较真实地反映境外投资规模。——刘志彪、张晔:《苏州与温州:国际化模式的比较及展望》,《温州论坛》2005 年第 6 期,第 9—17 页。

[2]　按国家外汇管理局公布的外汇牌价:2006 年为 1 美元=7.81 元,下面关于依存度的计算都参照此比率。

依存度＝一般贸易出口额/GDP 计算,三地企业一般贸易出口依存度分别为 32.63％、17.44％和 13.64％。

(4)外资依存度与境外投资依存度。2006 年三地实际利用外资分别为 4.63 亿美元、61.72 亿美元和 14.61 亿美元,按 FCR＝实际利用外资/GDP 计算,三地外资依存度分别为 1.97％、10％和 6％;按境外投资依存度＝境外投资额/GDP 计算,三地分别为 0.15％、0.013％和 0.022％。

7.2.2 评价与比较结果

将三地内向、外向国际化偏好的测算结果进行列表,并引入"大、中、小"三个等级,评价与比较结果如下(见表 7-3、表 7-4):

表 7-3　三地企业国际化内向偏好及比较

地区	偏好程度	进口贸易比重(％)	进口依存度(％)	吸引外资比重(％)	外资依存度(％)
温州	数值	18.32	7.72	92.71	1.97
	等级	小	中	小	小
苏州	数值	45.67	128.94	99.87	10.00
	等级	大	大	大	大
泉州	数值	26.48	5.97	99.64	6.00
	等级	中	小	中	中
综合评价		苏州＞泉州＞温州			

表 7-4　三地企业国际化外向偏好及比较

地区	偏好程度	出口贸易比重(％)	一般出口依存度(％)	境外投资比重(％)	境外投资依存度(％)
温州	数值	81.68	32.63	7.29	0.15
	等级	大	大	大	大
苏州	数值	54.33	17.44	0.13	0.013
	等级	小	中	小	小
泉州	数值	73.52	13.64	0.36	0.022
	等级	中	小	中	中
综合评价		温州＞泉州＞苏州			

资料来源:根据 2006 年温州、苏州与泉州国民经济和社会发展统计公报(三地统计信息网)整理计算。

7.2.2.1 内向偏好：苏州＞泉州＞温州

在内向偏好指标上，苏州（4个指标等级为"大"）大于泉州（3个指标等级为"中"）和温州（3个指标等级为"小"），由大到小依次是苏州、泉州、温州。

7.2.2.2 外向偏好：温州＞泉州＞苏州

在外向偏好指标上，温州（4个指标等级为"大"）要领先于泉州（3个指标等级为"中"）和苏州（3个指标等级为"小"），由大到小依次是温州、泉州、苏州（见表7-4）。

7.3 民营企业国际化方向偏好的成因

通过以上分析，三地企业国际化总体上具有明显的方向偏好，影响其偏好形成的原因是多方面的，下面选取区位条件、政策环境与要素结构三个主要因素对其成因进行比较分析。

7.3.1 区位条件不同

（1）温州：浙江省东南部山区。温州地区位于浙江省东南部山区，远离大中型工业城市和全国性市场，运输成本和信息成本较高；温州丘陵山地面积比重较大，人均耕地只有半亩左右，农业发展水平较低，农村集体经济薄弱。这些在一定程度上影响了当地工业化的发展进度，在其总人口中，非农人口比重相对较低，约占18.15％。由于温州地少人多，土瘠田薄，温州人从明清两代开始就到外地经营，有的还出海渡洋，到国外创业。正是这种区位条件使温州人形成了"外向"经商理念，使得温州本土企业在改革开放后偏好"走出去"，非常乐于搞出口贸易。

（2）苏州：毗邻上海。苏州位于太湖之滨、长江三角洲地区中部，毗邻上海、无锡和常州等发达的大中型工业城市和市场，水陆交通便利，虽人多地少，但农业生产条件得天独厚。20世纪80年代乡镇企业的发展为苏州制造业的大发展打下了坚实基础。苏州的区位优势，被海内外客商称为"投资天堂"，曾被美国《新闻周刊》评为"全球九大新兴科技城市"之一，目前，苏州已成为国际商家投资中国内地的首选城市之一，所以，苏州依托其独特的区位优势,偏好于采取"引进来"的内向国际化模式。

(3)泉州:闽南三角地区。泉州地处福建省东南部,属于闽南三角地区,先后被国家列为闽南厦漳泉沿海经济开发区和全国综合配套改革试点城市。因此,泉州缺乏周边大中城市引进外资的辐射(有别于苏州,苏州承接了上海的辐射),决定了泉州不可能走苏州那样以"引进来"为特征的内向模式,由于国际化的路径依赖,也不可能走温州那样以"走出去"为特征的外向道路。可以说,泉州走内向、外向结合模式,其国际化偏好也相应地表现为"中间路线"。

7.3.2 政策环境不同

(1)温州:自下而上的"挂靠部"。上个世纪 90 年代中期,温州政府在民间力量推动下出台了"挂靠部"政策,可以说对推进企业外向国际化起到关键意义。温州企业的"外向"经商理念,使它们较早地萌发开拓国际市场的意识。为了给企业打造一个直接对外贸易的平台,1995 年温州市政府出台了"温政发(1995)19 号"文件,随之出现了"挂靠部":国有专业外贸公司(即"母体企业")授权具有潜在国外客户的民营企业(即"挂靠企业")以母体企业的名义开展对外贸易活动。据统计,截至 2000 年 6 月,126 家企业在 13 家母体企业的名义下开展业务,2000 年 1—6 月,出口 1.5 亿美元,占母体企业出口额的 64.12%。另一方面,早在 1984 年,温州就被列为全国 14 个沿海开放城市之一,获得引进外资的"准特区"权限,但长期以来地方政府对引进外资一直存在一定的分歧:温州民间资本如此丰裕,是否有必要引进外资? 先后也出台了一系列引进外资的优惠政策,都没有起到预期作用。

(2)苏州:借助上海、错位竞争、走向世界。上个世纪 90 年代中期以前的苏州,执行的是政府主导型(Government-led)的"苏南模式",强势政府传统,使得地方政府具有主动促进当地经济发展的意识,并有能力开展以政府为主导的招商引资。1990 年前后,苏州借浦东大开发的东风,不失时机地提出"借助上海、错位竞争、走向世界"的经济国际化战略,带动外资大量涌进。上个世纪 90 年代末,苏州抓住国际产业资本加速向长三角地区转移的机遇,大力引进中国台湾的 IT 产业,沿着"引进外资,带动进口,加工后再出口"的路径,带动国际化的全面发展。

(3)泉州:引进侨资与侨汇。改革开放后,泉州大力推行引进外资政策(很大程度上是引进侨资侨汇),嫁接乡镇企业和创办三资企业。20 多年来,在制造业领域大力引进外资,外资在制造业中的分量愈来愈突出。在泉州市政府确定的 2005—2006 年度 100 家工业重点企业入选名单中,恒安集团、海天轻纺、南益集团等74家外资企业榜上有名。在引进外资企业的同时,大力发展本土企业,在泉州的传统产业中,本土企业与外资企业都占据一定的地位,在国际化活动中两者扮演着相当重要的角色。所以,有别于温州、苏州,泉州国际化方向偏好相对比较居中。

7.3.3　要素结构不同

(1)温州:丰裕的民间资本,庞大的海外"温商网"。温州民间资本与海外温州人两大要素都对外资产生了"挤出"效应。首先,温州民间资本充裕,企业对国外资本的依赖性很低。截至2003年末,温州辖区内民间资本存量约2770亿元。一项调查表明,2001年温州中小企业的资金来源中,自有资金、银行贷款和民间信贷的比例约为6:2.4:1.6。由于区域内资金供应充足,企业并不偏好引进外资等内向国际化。其次,由海外温州人编织而成的"温商网"也使企业缺乏通过外资构建营销网络的迫切需要,成为"挤出"外资的另一因素。相反地,上个世纪80年代,海外温州人开始从事贸易活动,并给本土企业带来大量的订单,有力地带动其迈出国际化的"第一步"。

(2)苏州:民间资本不及温州,但专业人力资本充裕。苏州的民间资本虽不像温州那样丰裕,而专业人力资源十分充裕。上个世纪90年代中期,苏南经济增长乏力,政府要寻找新的经济增长点,招商引资成了许多地方政府的主要工作。苏州教育体系十分发达,非常重视 R&D 经费的投入。2006年引进各类人才12.4万人,引进留学归国人员352名。国际高新技术产业纷纷选择苏州作为生产基地。相应地,由于外资经济在苏州的举足轻重地位,其境外投资也主要体现为外资企业的海外再投资,本土企业并不热衷于境外投资。

(3)泉州:著名侨乡,海外华侨集中东南亚。泉州是全国著名侨乡,拥有1600多万泉州籍华侨、华人及港澳台同胞。改革开放后,一些泉州籍港澳同胞及菲律宾、新加坡等地华侨先后回乡投资,创办外资企业,走上一条本土企业、外资企业共同推进国际化道路,这区别于温州,温州是通过民营企业自发推动国际化的,又区别于苏州,苏州后期主要是由外资企业推动的。所以,在国际化方向偏好的形成过程中,两者承担了较为相当的角色。

7.4 民营企业国际化方向偏好的效果

企业国际化方向偏好会产生不同的国际化效果,通过微观主体的贸易结构以及区域经济的对外开放度等指标表现出来。

7.4.1 贸易结构不同

一般地,贸易结构采用贸易主体和贸易方式来表示说明,而前者以外资企业和本土企业的出口比重来表示[①],后者以一般贸易与加工贸易的比重来表示。

(1)温州:本土企业的一般贸易。温州企业的外向偏好,使其倾向于以本土为中心向外输出产品。从贸易主体看,2006年温州本土企业出口67.27亿美元,占总额的83.24%;从贸易方式看,一般贸易出口76.62亿美元,占总额的94.81%,两者占绝对主导地位,可见,出口贸易主要是由本土企业通过一般贸易方式创造的。

(2)苏州:外资企业的加工贸易。苏州企业的内向偏好,使其倾向于引进外资从而带动加工贸易。2006年苏州外资企业、加工贸易出口分别为852.62亿美元、781.68亿美元,占90.05%和82.56%,两者居于绝对主导地位,这与温州的情况相反。虽然苏州出口贸易规模远远大于温州,但主要是外资企业的加工贸易,主要还要"归功"于"引进来"。

(3)泉州:外资企业与本土企业的融合贸易。泉州企业偏好于"中间路线",其贸易主体与贸易方式均有别于温州、苏州。2006年泉州外资企业出口22.05亿美元,占54.62%,加工贸易出口7.17亿美元,占17.76%,两者均介于温州与苏州之间。不同于温州,泉州外资企业出口占较大比重;同时,有别于苏州,泉州还是以一般贸易为主。所以,其出口品带有更多的"本土成分",属于外资企业与本土企业的融合出口(见表7-5)。

---

① 根据海关统计口径,贸易主体分国有企业、外商投资企业和其他企业三类,本章为便于说明问题,将国有企业与其他企业合并为"本土企业"。

表 7-5　2006 年温州、苏州与泉州出口贸易结构

| 地区 | 贸易主体 | | | | 贸易方式 | | | |
| | 本土企业 | | 外资企业 | | 一般贸易 | | 加工贸易 | |
	出口额 (亿美元)	比重 (%)	出口额 (亿美元)	比重 (%)	出口额 (亿美元)	比重 (%)	出口额 (亿美元)	比重 (%)
温州	67.27	83.24	13.54	16.76	76.62	94.81	4.19	5.19
苏州	94.23	9.95	852.62	90.05	165.17	17.44	781.68	82.56
泉州	18.32	45.38	22.05	54.62	33.2	82.24	7.17	17.76

资料来源:根据 2006 年温州、苏州与泉州国民经济和社会发展统计公报(三地统计信息网)整理计算。

7.4.2　对外开放度:苏州>温州>泉州

对外开放度,是衡量地区对外开放程度以及本地区经济发展对于国外经济的依赖程度,等于外贸依存度(FTR)+外资依存度(FCR),其中,FTR=(进口+出口)/GDP,FCR=实际利用外资/GDP。本节拟对该评价方法进行调整与完善。首先,应剔除加工贸易因素(避免重复计算),FTR 等于(进口+一般贸易出口)/GDP,将更加符合实际情况;其次,考虑到近几年境外投资的加快发展,拟引入境外投资依存度(尽管数据非常小)。由此,对外开放度=(进口+一般贸易出口)/GDP+外资依存度+境外投资依存度。

将前文(第二部分)已经计算出的数据进行加总,那么,2006 年三地对外开放度分别为 42.47%、156.39% 和 25.63%。根据此方法测算,对外开放度由大到小依次是苏州、温州、泉州。苏州的对外开放度遥遥领先,主要由于其内向国际化偏好,大力引进外资,发展以外资企业为主体的加工贸易,从而进一步带动进口与出口,使得相关的国际化指标都得到放大,而温州、泉州都不可能像苏州那样,所以,相对而言,带有内向国际化偏好的苏州对外开放度是最大的。

综上所述,本节引入方向偏好概念,建构相关的评价体系与测算方法,对三地国际化企业方向偏好进行测算与比较,得出有别于传统的内向、外向关系基本观点的结论,即温州、苏州与泉州企业国际化总体上表现出不同的偏好:外向、内向以及"中间路线"。三地不同的区位条件、政策环境与要素结构等因素能较好地解释不同偏好的形成原因;而贸易结构与对外开放度作为方向偏好的作用结果也存在一定的差异。

8　区域经济国际化程度比较：
以温州、苏州与泉州为例

将企业国际化经营纳入区域经济发展体系,即转换为区域经济国际化[①]。企业作为区域经济发展最基本的细胞与微观基础,其国际化经营的展开和深化有效促进了区域经济国际化。改革开放以来,我国东部沿海地区温州、苏州与泉州(以下简称"三地",排序同上)把握先机,推行国际化发展战略,各自走出具有特色的国际化模式。总体上,温州推行了以"走出去"为特征的外向模式,苏州推行了以"引进来"为特征的内向模式,而泉州推行的是以"中间路线"为特征的内外结合模式。三地经济经过近30年的国际化发展,已经取得一定的国际化效果,并带动当地经济快速发展。由此,本章拟重点讨论衡量国际化进程及效果的重要指标——国际化程度。基于国际化的内向、外向视角,本章拟设置内向、外向国际化程度的衡量指标体系,以2006年三地经济国际化数据为例,对三地经济国际化程度进行测算与比较,并从三地经济国际化方向偏好、具体方式、贸易结构等方面对国际化程度的差异做出理论解释。通过研究,尝试达到以下两个目标:一是立足于内向、外向视角对国际化程度的实证测算及比较,将为国际化程度的研究提供一种典型样本与方法;二是三地经济内向、外向国际化程度强弱差异的结论,将为引导区域经济国际化的发展方向提供理论依据。

---

① 经济国际化,是指一个国家或地区经济与世界经济融合,并朝着经济最终无国界方向变化的过程和程度。它是一个国家或地区经济发展到较高阶段,超越国家和地区的界限向外延伸,积极参与国际分工与协作,参与国际经济大循环,与世界经济成为互相依赖、紧密联系的有机统一体的过程。——引自卢新德.论经济国际化的内涵和特点[J].山东财政学院学报(双月刊),2000(2):3—8.

8.1 区域经济国际化程度评价指标：基于内向、外向视角

现有的国际化程度评价指标体系大多以企业为衡量对象，而且立足于外向国际化角度，即衡量微观企业"走出去"的效果及进程。日本亚细亚大学教授杨天溢(1993)提出"三阶段"分类，将国际化分为三个阶段：第一阶段是销售国际化，即把产品销往国外；第二阶段是生产国际化，为避开贸易摩擦和本币升值的负面影响在海外设立生产基地，以大批量生产方式降低成本；第三阶段是 R&D 国际化，并逐渐形成研究所、工厂、市场三位一体的国际化，由此，企业国际化程度由低到高演进。"三阶段"分类方法中没有设置具体的指标，只是做出"定性"的考察；接着，美国学者苏利文(Daniel Sullivan,1994)采用了五个经济指标来衡量企业的国际化程度(DOI)：外国销售占总销售的比重(FSTS)，外国资产占总资产的比重(FATA)，海外子公司占全部子公司的比例(OSTS)，高级管理人员的国际经验(TMIE)，海外经营的心理离散程度(PDIO)。国际化程度计算公式是：国际化程度(DOI)＝FSTS＋FATA＋OSTS＋TMIE＋PDIO。尔后，鲁桐(2000)提出"国际化蜘蛛网模型"，从以下六个方面来考察企业国际化程度：跨国经营方式、财务管理、市场营销、组织结构、人事管理和跨国化指数，并对我国首钢集团的国际化程度进行测算。将企业国际化纳入区域经济发展体系就是区域经济国际化，对于区域经济国际化程度的衡量，一些学者分别提出用贸易依存度、一般贸易依存度或净出口依存度来衡量(谭祖谊,2005；谢健,2006)。应该说，以上方法有其合理性，但不免有些简单化。经济国际化活动的内容非常丰富，仅从贸易国际化角度来衡量还远远不够，在指标设置中应考虑资本国际化(吸引外资与境外投资等)的因素。

通过以上的文献研究发现，尽管目前微观企业国际化程度有了一套较为完整的衡量指标体系，但区域经济国际化程度还没有形成统一与完整的衡量指标体系。作为衡量某个地区经济国际化进程与效果的重要指标，国际化程度对引导区域经济国际化有着十分重要的作用。本章拟立足于国际化的内向、外向两个方向，综合考虑经济国际化的贸易、资本两个因素，同时，鉴于资料的可获性和操作性，设置相应的衡量指标体系。内向国际化程度的衡量指标拟采用：进口贸易规模、依存度、引进外资规模、外资企业数及

外资企业出口比重;外向国际化程度的衡量指标拟采用:出口贸易规模、依存度、一般贸易出口依存度、境外投资规模及企业数。内向、外向国际化程度都分别拥有五个衡量指标(见表 8-1)。具体测算方法为,应用具体国际化数据,对所列的单项指标进行测算,并按"大、中、小"进行排序,然后,根据排序结果分布进行综合比较,并得出相应的结论。

表 8-1　区域经济国际化程度的评价指标体系

	内向指标	外向指标
贸易国际化	◎进口贸易: 　　　　规模 　　　　依存度	◎出口贸易: 　　　　规模 　　　　依存度 　　　　一般贸易依存度
资本国际化	◎吸引外资: 　　　　规模 　　　　企业数 　　　　外资企业出口比重	◎境外投资: 　　　　规模 　　　　企业数

8.2　区域经济国际化程度测算及比较

本章采用 2006 年温州、苏州和泉州国际化的相关数据,应用表 8-1 的评价指标体系,对各项指标进行——测算,根据测算结果,对三地经济国际化程度进行综合比较,从中得出三地经济国际化程度的差异。

8.2.1　内向国际化程度

(1)进口贸易规模。2006 年三地进口额分别为 18.13 亿美元、795.79 亿美元和 14.54 亿美元。

(2)进口依存度。2006 年三地国内生产总值分别为 1834.38 亿元、4820.26 亿元和 1900.76 亿元,按进口依存度＝进口额/国内生产总值(GDP)计算,三地进口依存度为 7.72％、128.94％和 5.97％。

(3)引进外资规模。2006 年三地实际引进外资分别为 4.63 亿美元、61.72 亿美元和 14.61 亿美元。

(4)引进外资企业数。2006 年三地批准外商投资企业分别为 223 家、

2281 家和 524 家。

(5)外资企业出口比重。2006 年三地外商投资企业出口额分别为 13.54 亿美元、852.62 亿美元和 22.05 亿美元,占全市出口比重分别为 16.76％、90.05％和 54.62％。泉州在这个指标上,要远远大于温州,但小于苏州。

8.2.2　外向国际化程度

(1)出口贸易规模。2006 年三地出口额分别为 80.81 亿美元、946.85 亿美元和 40.37 亿美元。

(2)出口依存度。按出口依存度＝出口额/国内生产总值(GDP)计算,出口依存度分别是 34.41％、153.41％和 16.59％。

(3)一般贸易依存度。2006 年三地一般贸易出口额分别为 76.62 亿美元、165.17 亿美元和 33.20 亿美元,按一般贸易出口依存度＝一般贸易出口额/GDP 计算,其一般贸易出口依存度为 32.63％、17.44％和 13.64％。苏州企业出口贸易以加工贸易为主(2006 年为 82.56％),出口加工品的价值中包含了大量的进料价值,无形中提高了出口依存度。一般贸易出口依存度的测算结果使情况发生了本质性的变化,苏州在这个指标上小于温州。

(4)境外投资企业。2006 年三地新批境外机构分别是 91 家、51 家和 16 家。

(5)境外投资规模。2006 年三地境外投资分别为 3640 万美元、11000 万美元和 532 万美元。刘志彪、张晔(2005)认为,苏州境外投资以外资企业的再投资为主,本土企业投资额仅占境外投资的 7.3％左右,所以,按此比例计算,苏州本土企业境外投资额大约为 803 万美元。

8.2.3　两者比较结果

通过以上测算,可以发现三地在各项指标均存在一定的差异。为了便于比较,将上述各项指标进行列表。采用"大、中、小"三个评价等级,对单项指标进行排序。同时,在暂不考虑各项指标重要性(权重)差异的情况下,依据上述单项指标的评价结果,对三地国际化程度进行综合评价,结果如下:

(1)内向国际化程度:苏州＞泉州＞温州

通过比较,苏州 5 个指标等级均为"大";泉州 3 个指标等级为"中",其他均为"小";温州 2 个指标等级为"中"其他均为"小",由此,内向国际化程度由大到小依次是,苏州、泉州与温州(见表 8-2)。

表 8-2　2006 年温州、苏州与泉州经济内向国际化程度指标及比较

地区	国际化程度	进口贸易		吸引外资		
		规模（亿美元）	依存度（％）	规模（亿美元）	企业数（家）	外资企业出口比重（％）
温州	数值	18.13	7.72	4.63	223	16.76
	等级	中	中	小	小	小
苏州	数值	795.79	128.94	61.72	2281	90.05
	等级	大	大	大	大	大
泉州	数值	14.54	5.97	14.61	524	54.62
	等级	小	小	中	中	中
综合评价		苏州、泉州、温州（由大到小）				

资料来源：根据 2006 年温州、苏州与泉州国民经济和社会发展统计公报（三地统计信息网）整理计算。按国家外汇管理局公布的外汇牌价：2006 年为 1 美元＝7.81 元，本章关于依存度的计算都参照此比率。

（2）外向国际化程度：温州＞苏州＞泉州

通过比较，温州 3 个指标等级为"大"，其他为"中"；苏州 2 个指标等级为"大"，其他为"中"；泉州的 5 个指标等级均为"小"。由此，外向国际化程度由大到小依次是温州、苏州、泉州（见表 8-3）。需要说明的是，苏州的外向国际化程度之所以居中（比泉州领先），主要是苏州侧重于引进外资，大力发展加工贸易，由此带来大规模的出口贸易，所以，外向国际化程度大部分最终还是"归功"于其内向国际化。

表 8-3　2006 年温州、苏州与泉州经济外向国际化程度指标及比较

地区	国际化程度	出口贸易			境外投资	
		规模（亿美元）	依存度（％）	一般贸易依存度（％）	规模（万美元）	企业数（家）
温州	数值	80.81	34.41	32.63	3640	91
	等级	中	中	大	大	大
苏州	数值	946.85	153.41	17.44	803	51
	等级	大	大	中	中	中
泉州	数值	40.37	16.59	13.64	532	16
	等级	小	小	小	小	小
综合评价		温州、苏州、泉州（由大到小）				

资料来源同表 8-2。

8.3 区域经济国际化程度差异的成因

通过横向比较,三地经济在不同方向上的国际化程度存在明显差异,其原因何在? 笔者认为,国际化程度作为国际化行为效果的综合体现指标,与三地经济国际化的方向偏好、方式以及贸易结构等因素有着十分紧密的联系,三者直接或间接地影响着国际化程度的各项指标。由此,笔者拟从上述三个因素来解释三地经济内向、外向国际化程度的差异。

8.3.1 三地经济国际化方向偏好的不同

从内向、外向的角度考察,三地经济国际化方向偏好(Internationalization direction preference)存在明显差异。国际化方向偏好讨论的是,在多种因素作用下,三地经济国际化侧重于选择何种方向:内向、外向还是两者兼顾等。考察三地改革开放以来国际化实践,可以发现三地国际化方向偏好是有差异的。温州企业偏好外向国际化,以"走出去"为特征,开展出口贸易与境外投资等;苏州企业偏好的是内向国际化,以大力引进外资为特征,带动加工贸易;而泉州则偏好"中间路线",利用侨乡优势,引进侨资侨汇嫁接本土企业和创办外资企业,从而发展出口贸易等,总体上,引进外资不如苏州,但强于温州,而外向国际化又弱于温州。不同的国际化方向偏好成为内向、外向国际化程度差异的首要原因。苏州因偏好内向国际化,其内向国际化程度最强,相应地,温州因偏好外向,其外向国际化程度最强,而泉州因偏好"中间路线",其外向国际化程度不如温州,而其内向国际化程度也不像苏州那样"突出"。

8.3.2 三地经济国际化方式的不同

国际化程度与国际化方式有着直接关系,因为后者是企业参与国际市场的具体途径,直接影响国际化程度各项指标的大小,由此决定外向、内向国际化程度的强弱。长期以来,温州企业倾向于采用以"走出去"为特征的外向方式,通过出口贸易和境外投资等主要经营方式带动国际化,相应地,国际化总体表现出"外向强、内向弱"的特征,出口贸易占主导地位,境外投资出色,进口贸易与引进外资相对平淡;苏州企业以本土为中心吸引国外资源,大力引进外资与发展加工贸易,采用以"引进来"为特征的内向方式,与此相联系,总体表现出"内向强、外向弱"的特征,引进外资十分显著,境外投资相对较弱,而且以外资企业的再投资为主,本土企业投资比重很小,不同于温州境外投资主体为本土企业的情况;而泉州采取以"中间路线"为特征的内向、外向方式,通过引进外资(主要为侨资与侨汇),以小型企业专业化协作为基础,大力发展出口贸易。不同的国际化方式,带来国际化各项指标的差异,由此导致不同方向国际化程度的不同。温州在外向方式上的各项指标最为领先,苏州在内向方式上的各项指标最为突出,而泉州的许多国际化指标均介于苏州与温州之间。

8.3.3 三地贸易结构的不同

对三地的贸易结构进行分析,不难发现其对国际化程度差异的形成也起到重要的作用。以贸易主体和贸易方式来代表贸易结构,前者以外资企业和本土企业的出口比重来表示。后者以一般贸易与加工贸易的出口比重来表示。外资企业和加工贸易出口比重,由大到小依次是苏州、泉州、温州(见表 8-4)。可见,温州贸易结构为本土企业的一般贸易出口,这使得其一般贸易依存度较高,而外资企业出口比重却很低;苏州贸易结构为外资企业的加工贸易出口,这使得其外资企业出口比重很高(2006 年为 90.05%),而一般贸易依存度却较低;而泉州更多地体现为外资企业与本土企业的融合出口,因其贸易模式体现为外资企业与一般贸易的结合(不同于温州与苏州),由此,贸易结构的所有指标都介于苏州与温州之间。总体上可以说,由于三地在贸易结构上的差异,导致与贸易国际化相关的所有国际化程度的衡量指标都产生差异。

表 8-4　2006 年温州、苏州与泉州出口贸易结构

地区	贸易主体				贸易方式			
	本土企业		外资企业		一般贸易		加工贸易	
	出口额 (亿美元)	比重 (%)	出口额 (亿美元)	比重 (%)	出口额 (亿美元)	比重 (%)	出口额 (亿美元)	比重 (%)
温州	67.27	83.24	13.54	16.76	76.62	94.81	4.19	5.19
苏州	94.23	9.95	852.62	90.05	165.17	17.44	781.68	82.56
泉州	18.32	45.38	22.05	54.62	33.2	82.24	7.17	17.76

资料来源:同表 8-2。

8.4 结　语

　　本章立足于内向、外向视角设置了区域经济国际化程度的评价指标体系，并采用我国东部沿海地区温州、苏州、泉州的年度数据，对三地经济内向、外向国际化程度进行测算与比较。研究表明，三地经济国际化程度存在明显的差异，从而说明其具有较大的可比性。而三地经济国际化的方向偏好、具体方式与贸易结构成为导致这种差异的主要因素，说明了国际化程度与三个因素之间存在较大的因果关系。

　　本章不同于以往测算国际化程度的"外向"偏好，根据我国企业国际化的具体实际，立足于内向、外向两个视角，并采用三地经济国际化的具体数据，引入比较研究方法，对区域经济国际化程度的实证测算及比较，将为国际化程度的研究提供一种典型样本与方法。

　　从实践层面上看，本章得出的三地内向、外向国际化程度的大小差异，对引导区域经济国际化的发展方向具有重要的指导意义。三地国际化程度大小程度，说明了三地经济在两个方向上的国际化是有差异的。在未来如何引导本地区经济国际化的方向问题上，三地应有意识地强化自己的"弱项"。具体而言，温州应强化内向国际化，苏州应加大本土企业的外向国际化，而泉州在两个国际化方向都可以充分挖掘"潜力"，即应在两个方向上同时施力。

9 典型案例研究①

本章在多年企业调研基础上收集和整理了 7 个民营企业国际化典型案例。通过案例分析,旨在进一步论证民营企业进程相关理论,同时为本领域相关问题研究提供研究素材。案例来源主要有以下途径:企业实地考察、管理部门访谈、当地权威报刊、专题会议资料、企业网站等。

9.1 哈杉鞋业:设立海外工厂

案例企业:哈杉鞋业

行业领域:鞋业

公司网址:www.hazan.com.cn

公司品牌:HAZAN、CORONADO、BRAVO、TREVI

国际化特征:作为中小型鞋企,具有较强的国际化意识,行动较早,经历了对外贸易、设立海外营销网点,设立海外研发中心及海外工厂等阶段,尤以海外办厂首先实现产业转移

9.1.1 公司简介

温州制鞋业是一种传统产业,已经有 500 多年的历史。早在明朝时期,

① 案例调研过程中得到相关企业及主管部门的大力支持,谨以致谢!

温州因鞋靴艺精质优,被列为朝廷贡品。20世纪20年代,上海、厦门等地来温州招收鞋工约40余人。他们学成回到温州后,成为鞋业的技术骨干,推动了现代制鞋业的发展。经过最近20多年的发展创新,鞋革及其配套产业已经成为温州最大的产业。2001年9月12日,中国轻工业联合会及中国皮革工业协会正式命名温州为"中国鞋都"。目前,鞋革业已成为温州产业规模优势突出、专业分工配套完善、品牌集聚效应明显的大型产业集群,成为中国最具竞争力的鞋革基地之一。2006年全市拥有鞋革业3000多家,产值逐年递增,其中鞋业实现总产值504亿元,比2001年(249亿元)增长了1.02倍。

温州哈杉鞋业有限公司(以下简称"哈杉"),创建于1991年7月,是一家集设计、开发、生产、销售为一体的民营企业,是浙江省温州中国鞋都的新锐力量。凭借十多年的外销经验,已经成为温州出口创汇大户,HAZAN品牌成为国际外销市场的一大新秀,在中国的外经贸领域上,占有一席之地。哈杉坐落在闻名遐迩的中国鞋都二期产业园区,公司占地面积18.6亩,拥有星级的办公大楼和现代化标准厂房22000余平方米;公司现有员工1300余名,日生产皮鞋10000余双。产品销往全球及50多个国家和地区;在欧洲、非洲、美洲、亚洲等国家均设有8家全资的子公司。哈杉曾获"95届全国轻工产品博览会金奖"、"温州市皮鞋质量免检企业"(1996年)。自1999年以来,并连续荣获"温州市鹿城区先进单位、重点企业、优秀企业"及"温州市出口创汇重点企业"等光荣称号。2000年1月,哈杉的"HAZAN"商标在世界知识产权组织登记注册,并已获得俄罗斯、尼日利亚等国名优产品证书;2001年初,正式全面建立以规范化、科学化为标杆的"哈杉管理模式";启动了ISO 9000质量保证体系并一次性通过认证;2002年6月被中国皮革工业协会真皮标志办公室授予公司"真皮标志产品企业",至今不断获取国内外鞋业认证。十几年来,哈杉坚持以"人·仁"为本的创业思路,务实求精的质量意识,规范有序的管理机制,诚信至上的经营理念,实现了流水线生产,品牌经营,国际化营销的历史性跨越。

9.1.2 国际化实践的纵向考察

9.1.2.1 外向国际化

第一阶段(1996—1997年):间接出口。

由于企业创办较晚、规模较小等诸多因素,与同行强企相比,在国内经营阶段,哈杉并没有太多的优势。面对国内市场与同行的激烈竞争,1996年哈杉做出重大经营决策:退出国内市场,转向外贸业务。哈杉开始寻找外贸订单,并与国内一些专业贸易公司建立一些联系与合作,其间主要通过外贸公司做代理出口,为东南亚客商做贴牌加工(OEM),两年来也基本能维持企业的生产运作。

第二阶段(1998—2003年):设立海外营销点。

正当哈杉以为已经找到一个很有效的营销渠道时,不料1997年下半年东南亚全面爆发金融危机,外贸订单突然间减少,这对哈杉的销售打击非常大。1998年初哈杉决定对国际销售进行新的战略布局。此时,一个新兴的周边市场正在兴起:俄罗斯。尽管俄罗斯法制环境恶劣,但如果不"走进去",哈杉已别无选择。当年哈杉沿着"温州—乌鲁木齐—阿拉木图—莫斯科"的线路,在终点莫斯科设立营销点,初步形成生产、供应、物流、销售一体化;1999年考虑到俄罗斯恶劣的法制环境,为相互照应,在乌克兰敖德萨设立营销点;2000年哈杉看到庞大的中东市场,考虑到阿联酋迪拜的"中转站"功能,于是在迪拜设立营销点,产品中转到周边沙特阿拉伯、科威特、伊朗等周边国家的市场。在成功设立三个营销点之后,2003年哈杉开始全面发力,在美国、巴拿马、日本设立销售子公司。此时产品已销往全球50多个国家和地区,而且哈杉在莫斯科市场获得消费者好评,并获得俄罗斯消费者协会、莫斯科消费者协会授予的"HAZAN优质产品"。

第三阶段(2004至今):跨国并购、设立海外生产基地、产品进入海外超市。

一是实行跨国并购。1999年底,哈杉开始讨论品牌战略问题,但大多数人对自创品牌信心不足。经过长期的思考与论证,2001年底哈杉董事会一致同意品牌嫁接战略。在公司为实施品牌嫁接,到处寻找合适的收购对象时,意大利的威尔逊公司进入了哈杉的视野①。经过不同层面、不同方式的接触和交流,双方终于在2004年初达成收购协议:哈杉收购意大利著名制鞋企业威尔逊公司90%的股份。威尔逊公司原班人马继续留在原工作岗位。跨国并购的初衷除了品牌嫁接外,重组后的公司还希望利用威尔逊公司的全球营销渠道,迅速打开高档鞋的国际终端市场。

二是设立海外生产基地。2001年哈杉开始进入尼日利亚市场,"HAZAN"品牌已经成为尼日利亚鞋业的第一品牌,被当地消费者称为坚实的"石头"。正当哈杉在该市场刚刚站稳脚跟的时候,尼日利亚政府为保护民族工业,2004年1月8日宣布禁止进口包括哈杉男鞋在内的31种中国商

---

① 该公司成立于1958年,坐落在意大利米兰维安娜——"世界鞋都"的产鞋工业区,主要加工生产WILSON、POLO、VERSACE、TRUSSAR、DONNAKARAN等品牌的男式绅士鞋,拥有较强的产品研发能力和品牌影响力。

品(现在项目已经扩大到 41 种),又一个决策问题摆在哈杉的面前:是坚持还是撤退?哈杉董事会开始了紧急讨论,在两周内(2004 年 1 月 20 日)做出决定:在尼日利亚投资设厂。当尼日利亚绝大部分中国商家撤回国内时,哈杉却派出技术人员与管理人员前往尼日利亚,同时在当地招工 100 余人。经过 7 个月的筹备,新工厂的设备机器已经安装到位,8 月 11 日哈杉在尼日利亚投资的哈杉(尼日利亚)大西洋实业公司正式开工。哈杉在尼日利亚的首期投资 200 万美元(含固定资产、半成品及流动资金)。2004 年 12 月底,哈杉海外工厂的第二条生产线开始投产。三年多来,海外工厂已进入正常运作,产品供应当地市场外还销往西非其他国家,而且在解决当地就业、培养管理干部以及带动当地原辅材料、零配件产业的发展等方面产生较好的经济与社会效益。

三是自主品牌进入海外超市。金融危机期间,欧洲市场的大幅萎缩,哈杉在意大利的公司受到了严重影响;同时受尼日利亚当地货币贬值影响,尼日利亚的工厂一度陷入困境。但哈杉在美国的公司却逆势而上,取得骄人的业绩。2007 年哈杉美国公司组建起一支强有力的设计、营销团队,创立了 CORONADO、BRAVO、TREVI 品牌(均为 HAZAN 的子品牌)。金融危机爆发后,美国的很多百货业陷入困境,许多中国商家纷纷撤出。哈杉抓住这个机遇,"乘虚而入",以较低代价进驻这些领域。现在在美国 50 个州 2000 余个高级百货公司和商品店销售,皮鞋面料以人造革为主,售价在 29.99—49.99 美元不等,2008、2009 销售业绩以 100% 递增。以上三个子品牌采取"美国设计,中国生产,美国销售"方式,已经在美国消费者中产生重要影响,其中 BRAVO 已经成为美国黑人消费者的首选品牌。在未来的计划中,这些子品牌的生产可能会转移到哈杉在尼日利亚的工厂。

9.1.2.2 内向国际化

哈杉 1996 年开始承接外贸订单,1998—2000 年又在俄罗斯、乌克兰和阿联酋等地设立营销公司,产品已顺利打入该市场及周边地区,意味着哈杉在利用国内资源优势开拓国际市场方面已经迈出重要的步伐。为了更加及时地提升产品质量和推出更多的样板,2002 年开始引进意大利鞋样设计师,每年定期来哈杉工作,将最新的设计理念带入哈杉。

2004 年哈杉已经在欧洲、非洲、美洲、亚洲等地区设立 8 家全资的子公司,更进一步说明了哈杉在价值链的中端(生产制造)已经建立绝对优势地位。此时,仅凭引进国外设计师已经不能完全满足因国际化步伐加快所要求的技术支持。哈杉感到一件紧迫的事情正摆在面前:建立一个研发基地,为全球子公司提供技术支持。哈杉开始与意大利威尔逊公司协商,希望能引进其鞋业研发力量。因哈杉此前已经与威尔逊公司有过多次接触并在2004年初与其签订了并购协议,所以这个想法很快得到对方的确认。2004年8月哈杉与威尔逊公司合资建立了哈杉·威尔逊鞋类研发中心(就是将原威尔逊公司的研究所放大)。该中心一期投资220万欧元,哈杉和威尔逊分别拥有60%和40%的股权,坐落在"中国鞋都"二期园区,占地面积近2公顷。它不仅是哈杉全球资源配置的重要组成部分,更是全球8个子公司的技术支撑。该研发中心的首席设计师是原威尔逊公司的设计师罗沙娜,每年来温州工作四五个月。综上所述,哈杉鞋业自1996年至今的国际化路径及演变见图9-1。

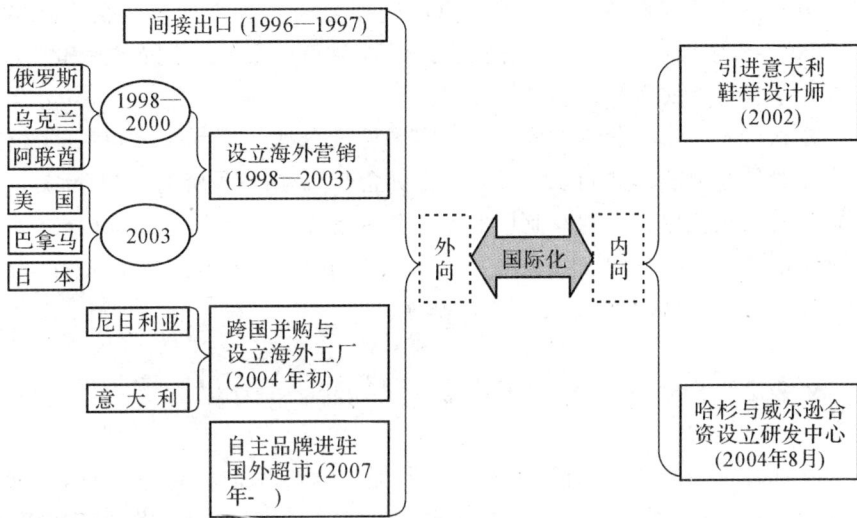

图9-1 哈杉鞋业国际化路径及演变

资料来源:根据作者与哈杉高层的访谈整理。

9.2 嘉利特与荏原:民外合璧

案例企业:嘉利特荏原泵业有限公司

行业领域:泵业制造

公司网址:http://www.jialite.com

公司品牌:荏原·嘉利特

国际化特征:中日合资构建新企业,外方51%控股,通过吸引外资不仅

带来资金，而且引进技术、管理等要素，从而从本质上改变企业的运作模式

9.2.1　中外双方企业简介

外方企业日本国株式会社荏原制作所创业于 1912 年，从水泵事业起家，现今已成为风力水力机械、环境废物处理和半导体产业等三大领域中技术领先的世界一流高科技企业，并跻身世界机械制造业 500 强，是世界上最大的泵制造公司。日本荏原制作所具有百年的历史，现为世界制造业 500 强之一（1999 年排名 372 位），为世界最大的泵业制造商。

中方企业浙江嘉利特实业股份有限公司是浙江省高新技术企业，创建于 1993 年。生产的高温、高压、高速"三高"特种工业泵在全国石油石化等工业领域享有很高的声誉。

嘉利特·荏原泵业有限公司是日本国株式会社荏原制作所和浙江嘉利特实业股份有限公司共同投资成立的合资企业，一期总投资为 1220 万美元。合资公司依托荏原强大的专业技术优势和装备以及一批优秀的国内外人才管理队伍，生产各类高技术、高品质石油石化泵产品，并与世界领先技术保持同步，打造国内最大的石化泵生产基地。

9.2.2　合资背景与发展现状

在和日本荏原接触以前，嘉利特已经是一家在国内同行里小有名气的企业，在瑞安当地纳税排名也比较靠前，小日子过得还滋润。尽管嘉利特当时在全国石化泵协会排名第 20 名和温州泵业中排名第一，但其仅拥有 2 个产品的专利，绝大部分产品都处于模仿国外设计产品的初级阶段，技术水平与世界差距很大。

我国加入 WTO 后，面对经济全球化的新形势，当时的嘉利特生产销售虽然仍呈上升趋势，但也需要注入新的活力。而且，我国泵制造业在世界上还处于较落后的地位，跟国际先进技术和制造水平仍有差距。同时，几经改制的嘉利特有了比较完善的管理机制，并且年产值和销售额都突破了 5000 万元大关，创利税超过 1000 万元，在国内已具有比较广阔的市场。

荏原在 1996 年前是世界 500 强企业，由于金融、证券机构的进入，而被挤出了 500 强，但仍然处于世界制造业 500 强的行列。25 年前，荏原就进入中国市场，在中国先后建立了 8 个环保、电子工程设备等生产销售基地，但一直没有较好的经济效益，就是烟台荏原开始几年也出现利润赤字，再则日本国内泵销售市场已达到饱和状态，因此荏原必须向外拓展，进一步扩大国际

市场的占有率,以达到同其他国家制造商在中国及国际争夺市场份额的目的。

由于上述原因,双方通过深入调查与分析,认为只有积极扩大国际经济技术合作,不断引进先进技术,充分利用国际资源,进一步提高自主开发的能力,才是出路。只有这样,才能使企业继续做大、做强,立于不败之地。因而,荏原看中了嘉利特,嘉利特也相中了荏原。然而,谈判的进展却是艰难的,嘉利特想和荏原合作图的就是对方的核心技术,并不想仅仅有个合资的虚名。由于日本有法律,只有日资控股,核心技术才能向合资企业开放。经过3年的谈判,2003年2月双方正式签约,成立中日合资嘉利特荏原泵业有限公司(以下简称"嘉利特·荏原"),日方51%股份,全部以现金投入,中方以固定资产评估后入股,占49%,总投资为1220万美元。中方保证了委任总经理、指派财务总监和增资扩股可以一票否决三大权益。

9.2.3 合资效应

9.2.3.1 完善治理结构

嘉利特是带有浓厚家族经营色彩的民营企业。合资企业嘉利特·荏原的董事会成员中,中日双方约各占一半,由四个日方成员和三个中方成员组成:日方董事长,中方副董事长,中方总经理,三名日方副总、一名中方副总(见图4-2)。常住嘉利特荏原公司共六位日方人员:上述三名副总、副总工程师、生产部副部长和综合管理科长。董事会每年召开2—3次重大会议。合资企业以创建国际一流的企业管理为目标,建立与完善企业管理规章制度。

合资企业以创建国际一流的企业管理为目标,强化了企业内部管理,引进了先进的生产管理系统。为适应合资企业制度创新,公司举办了多期培训班,强化了员工的法制意识和纪律观念。对公司中、高层管理人员进行系统的管理培训,并分批派遣员工去日本荏原总部培训学习。与此同时,企业花巨资聘请中国人民大学人力资源方面的专家,帮助企业进行人力资源结构建设和薪酬制度建设,并引进了HR(人力资源管理)系统,借助制度建设和网上考核系统,大大激发了全体员工的积极性,也为企业带来了很好的经济效益。

9.2.3.2 引进先进技术

嘉利特与荏原签订了作为双方合资核心内容的技术合同,主要内容是

3—5 年内日方提供 10 个系列 400 多个规格的泵产品技术资料。合资前的浙江嘉利特泵业有限公司一直以仿制国外产品为主。2003 年该企业与世界最大的泵业制造商日本荏原公司合资组建了嘉利特·荏原泵业有限公司，将"荏原"核心技术、管理系统等逐步嫁接过来，使"嘉利特荏原"走在了石化泵生产行业的技术前沿。2004 年 11 月份，企业承接下中石油吉林石化分公司的 60 万吨乙烯急冷水泵的生产订单。在日方技术专家的指导下，成功生产出国内第一台 60 万吨乙烯急冷水泵。合资两年后的 2005 年 7 月 17 日，嘉利特·荏原凭借国际一流技术，制造出目前国内最大的 60 万吨乙烯急冷水泵。该水泵调试成功，从而使这项一直依靠进口的设备实现了国产化，填补了国内空白。[①] 2005 年 9 月合资企业取得浙江省科学技术厅"高科技企业认定证书"；2007 年 2 月公司被评为浙江省外商投资先进技术企业。

9.2.3.3 提升企业效益

按照日方以往的经验，允许合资企业前四年出现亏损，但实际上合资第一年就获得利润，日方认为这是比较少见的，而且以后的三年是一年一个台阶，呈现大幅度上升的态势（见表 9-1）。

表 9-1 合资企业嘉利特荏原的经营业绩 （单位：万元）

年度	2003	2004	2005	2006.1—10
销售额	2041	7030.1	11000	—
利润	20.4	546.6	1650	—
各种税费	84.94	704.5	874	1566

资料来源：课题组根据企业高层访谈记录整理。

2003 年非但没有出现预先确定的亏损，反而有利润，这使日方感到惊讶；2005 年的实绩比 2004 年大幅度地提高，三项指标分别是 2004 年的 1.56 倍、3.02 倍、1.24 倍。2006 年的形势更好，以缴纳的各种税费额度为例：截止 2006 年 10 月，企业已缴纳各种税、费合计为 1566 万元，2005 年同期为 575 万元，增长了 172.3%。

合资企业经过五年的正常运行后，不仅取得较好的经济效益，而且在国内外知名度得到有效提升，得到美国埃理奥特公司（Elliott）的青睐，双方于 2008 年 3 月达成第一个合作意向：EGP 与 Elliott 公司签署了技术许可协议，正式获得 Elliott 公司单级和多级 YR 系列蒸汽轮机的最新全套技术，和在中国进行制造和销售的授权；此后双方合作进一步扩大及加深，2009 年 1

---

① 嘉利特·荏原泵业有限公司造出国内最大的 60 万吨乙烯急冷水泵，http://www.ctiin.com.cn。

月,EGP成为美国埃理奥特公司在中国的授权销售代表;2009年2月,EGP与Elliott合作项目——YR汽轮机厂房开工仪式在瑞安隆重举行。经过18个月的建设,2010年8月23日,该项目厂房正式落成,并开始投产。

9.2.3.4 构建企业文化

在企业的管理中,在设施设备的配置上,处处贯彻"以人为本"的理念,在联合厂房配置了两个供员工休息用的茶水吧,上午、下午各有一次休息时间,以供员工饮用咖啡、茶水;在办公区,每个楼层也都设有供员工休息用的茶水吧。公司把食堂看成是体现人性化的重要场所,投资226万元建造装修了一个明洁温馨的营养食堂,改善用餐环境。同时,根据公司外来员工较多、知识层次较高的实际情况,按星级宾馆的要求投资380万元建造装修了员工公寓,并在生活区配置了篮球场、网球场、乒乓球室、台球室、健身房、图书馆等文体活动设施,公司提倡"喻快工作,享受生活",尽最大努力使员工安居乐业。"以人为本"的理念深深地感召着企业的每一位员工,使他们意识到"企业为我提供发展空间,我为企业发展多作贡献",大大增强了企业的凝聚力,培养了员工的向心力和忠诚度。

现在,"精益求精、兼容并蓄、追求卓越、报效社会"已成为企业文化的核心价值观,根据嘉利特和荏原所创造、沉淀、积累的企业文化而编印了《EGP企业文化手册》(2005年10月23日发给每位员工),成为企业行为的规范和精神的支柱。

9.2.3.5 履行社会责任

合资企业十分注重企业经营理念的确立。借鉴了嘉利特和荏原长期经营所积累的成果,根据公司的现实情况,将"益于地球,效于社会"确立为EGP公司的主题理念,提出了以"节约资源、注重环保,以人为本、人性化管理"作为企业经营思想,并付诸行动。按国际先进标准,投资100万元建设处理职工生活污水设施;投资200万元绿化美化厂区环境,即将实行清洁生产,并按ISO 14000认证标准进行管理,创建绿色工厂。号召全体员工以节约为荣,自觉做到节电、节水,不浪费饭菜;节约办公费用、生产费用,努力打造环保型企业和节约型企业,为人类社会的可持续发展作出自己应有的贡献。

表9-2 2005—2008年合资企业获得质量认证情况

2005年12月	公司通过ISO 9001-2000版质量认证
2006年11月	公司通过浙江省清洁生产认证中心的审核验收
2006年10月	公司通过ISO 14001:2004环境管理体系认证

2006 年 12 月	公司通过了浙江省级绿色企业验收
2007 年 2 月	公司被评为评为浙江省外商投资先进技术企业
2008 年 3 月	EGP 与 Elliott 公司签署了技术许可协议,正式获得 Elliott 公司单级和多级 YR 系列蒸汽轮机的最新全套技术和在中国进行制造和销售的授权
2008 年 5 月	引进的 Y 系列汽轮机项目开工会在嘉利特·荏原泵业有限公司召开,制定了汽轮机项目执行计划
……	

资料来源:企业网站:http://www.jialite.com/about/index2.asp

9.3　德力西与施耐德:强强联合

案例企业:德力西电气有限公司

行业领域:低压电器

公司网址:www.delix.com

公司品牌:德力西

国际化特征:引进资本规模巨大、合资方为世界 500 强、部分出资以及平均股权,这在温州绝无仅有,是一次中外强强联合

9.3.1　公司简介

德力西集团的前身"乐清县求精开关厂",由胡成中偕其弟胡成国等人于 1984 年 7 月创建,凭借"以质取胜"的经营方式和灵活的机制,抓市场、抓技术、抓质量,在温州市电器行业中脱颖而出。此后经历了以下三个阶段:1990—1994,从求精开关厂到德力西实业总厂管理模式;1994—1998,从总厂管理模式到集团化管理模式;1998 至今,从单一生产经营模式到生产经营与资本经营互动、经济结构混合型、产业结构发展多元化的运作模式。经过二十多年的拼搏,从一个家庭作坊发展成为大型工业企业。集团以生产高中低压电器、输变配电气和工业自动化控制电气为主,同时进军综合物流、交通运输、矿产能源、环保工程、再生资源、PE 投资等产业。现有员工 14600 余人,下属公司 70 多家,协作企业 1000 多家,综合实力荣登中国企业 500

强,位居中国民营企业500强前列。

　　施耐德电气公司(1836年成立)作为全球电力和控制领域的领导者,拥有悠久的历史和强大的实力,配电和自动化及控制是施耐德电气携手并进的两大业务领域,遍布民用住宅、建筑、工业以及能源与基础设施四大市场。上个世纪80年代以来,施耐德电气逐渐脱离了非电力业务,将战略重点重新聚焦于电气领域。施耐德电气2007年排在世界500强企业第426位。施耐德电气目前在中国已经拥有4000名员工,13家生产型企业,4个分公司,27个地区办事处,400多家代理商和全国性的销售网络,4个物流中心,2个培训中心和1个研究发展中心。

　　一个是世界电气行业的龙头,一个是中国电气行业的龙头,为了寻求合作项目,两者在2004年就开始进行接触并洽谈合作事宜。经过两年多的谈判,2006年12月17日,德力西集团与施耐德电气签订合作协议,这预示着两年多的"马拉松"式的接触与谈判结束,两家著名电气企业终于全面合作。

　　合资公司德力西电气有限公司①在2007年11月1日正式成立,11月16日揭幕。预计年产值可达22.6亿元人民币。合资公司组建后,将引进施耐德电气公司的先进技术和先进管理经验,形成中国民营企业与世界名企之间全方位的优势互补,以进一步提升德力西品牌和加快民营企业的国际化步伐。德力西集团与施耐德电气公司是温州目前合资规模最大、最为彻底的一次"民外合璧"。

9.3.2　合资约定

　　(1)股权分配。两家电气企业成立合资企业——德力西电气有限公司,德力西集团和施耐德电气各自拥有合资公司50%的股份。董事会人员比率为"一半对一半",在目前设置的股份比率下,董事长将由德力西集团董事局主席兼CEO胡成中担任,总裁由外方担任(施瑞修,Russell Stocker)。新合资公司在2007年底建成投产,总投资额为18亿元,注册资金为6.2亿元,全年产值达到22.6亿元。公司员工约4000人。

　　(2)合作生产。合资公司前期主要生产小型断路器、塑壳断路器、空气断路器、漏电保护器、接触器、继电器等六大类低压电器产品,以后将逐渐扩大合作领域。

　　(3)商标使用。"德力西"品牌所有权还是属于德力西集团,而合资公司

---

① 德力西电气有限公司坐落于"中国电器之都"——浙江省乐清市柳市镇。2007年11月16日正式揭幕,公司总投资18亿人民币,拥有员工4500余名,占地84431平方米。

拥有使用权。双方协议规定,合资公司产品将全部使用"德力西"商标。

(4)销售渠道。产品销售将主要通过德力西集团现有的销售渠道。为了配合这种合作模式,德力西集团将所有的营销公司纳入到合资公司统一管理。德力西电气在全国设有 8 个办事处,11 个物流配送中心,1200 多个营销网点,正在建设中的立体式物流配送管理和产品数据库将会提供更优良的服务。覆盖中国地区及海外市场。

9.3.3 合资效应

合资企业成立后,使德力西在供应商管理、国际营销布局及管理团队建设等发生巨大变化,具体举措如下:

(1)整合供应商。供应商提供的零配件是产品质量的保证。原来几百家供应商质量参差不齐,大多有亲戚朋友关系,提供的配件等质量经常无法保证。合资后,供应商分为四类:红、橙、黄、绿,严格考核。主要条件是,产品质量好,生产条件符合标准,才能获得绿色供应商。例如,有一个供应商,因厂房正在建设,目前生产条件不太好,未获得绿色供应商。对于未获得绿色的,停止供应,或责令整改。

(2)共享国际营销网络。金融危机爆发后,曾使德力西原来的欧美市场受到重创,再因外贸大多通过国内外贸中间商出口,导致订单一度锐减;因为有施耐德的国际营销网络,德力西品牌通过其国际网络直接进入世界各地超市,由此带来的丰厚收益,使德力西顺利克服金融危机带来的负面影响。2009 年公司利润不减反增,约增长 100%。

(3)削减管理层。合资企业发布了一号文件,旨在削减管理层。半年内,管理层被辞退 300 人(按劳动法规定给予相应补偿),都是高薪人员,大多是亲戚朋友。这样有利于公司形成有竞争力、凝聚力的管理团队。同时,引进一批大学生,经过一年的培养,现大多走上管理岗位。

经过三年多的运行,合资企业使德力西顺利度过金融危机,实现了网络构建、质量提升及管理改造的目标,2008 年集团上缴利税 4.4 亿元,大大超过 2007 年的 1.7 亿元。此外,外资的注入使得德力西拥有向其他产业扩张的资金基础,目前已投向高科技、能源产业领域。

[相关评论]

关于德力西与施耐德的合作,本课题组主持人专门在温州当地媒体《温州商报》(2007 年 11 月 19 日)上发表了相关评论,题目为《下一个"合资"会是谁?》。全文如下:

11 月 15 日,低压电器德力西引进法国施耐德在柳市本部落户,这是温州企业国际化的一次"大动作"。这次民外合资同时具备了四大特征:引进资本规模巨大、合资方为世界 500 强、部分出资以及平均股权,这在温州绝无仅有。

早在 1984 年,温州被列为全国 14 个沿海开放城市之一,温州企业开始了国际化,"走出去"与"引进来"成为市民关注的话题。温州引进外资起步于 1985 年,在温州落户的第一家合资企业为温州广和塑料制品有限公司,当时引进外资 1.93 万美元。虽然起步较早,但引进外资一直不是温州经济的"强项",其总体规模水平并不大,而且 2002 年以前温州企业更多的是与海外温州人合资或合作。

2003 年以来,温州出现了与真正洋人的合资,例如嘉利特与日本荏原、夏梦与意大利杰尼亚、三帆与法国罗赛洛、正泰与美国通用等。截至 11 月 16 日,今年温州已新增"民外合璧"项目 62 个,利用外资 6.22 亿美元。为什么这样的合资方式会在这个时期集中出现?

从企业视角看,是双方基于长远发展的战略考量,也是寻求互补性需求的理性选择。对温州企业而言,在引进外资决策上,更多地会从提升技术水平、改造管理模式、引入营销网络等去考虑并选择合作伙伴。而对国外企业而言,选择温州企业,也是长期考察与决策的过程,更多地会考虑如何寻求当地可利用要素与提升中国市场地位等。从某种程度上说,双方合资是一种完全的企业行为,与其他一些地区在引进外资方面带有浓厚的"政府色彩"截然不同。

在区位优势不明显、要素资源相对稀缺的温州,不可能复制像上海、苏州或珠三角地区"大举引进外资"的模式,因此温州选择了民外合璧的方式。如今,中国低压电器"双雄"正泰、德力西都已找到自己的合作伙伴。温州需要什么样的外资,已经有了初步答案。我们期待的下一个"合资"会是谁?

9.4　奥康鞋业:牵手知名品牌

行业领域:浙江奥康鞋业股份有限公司

公司网址:www.aokang.com

公司品牌:奥康、康龙、美丽佳人、红火鸟

行业领域:鞋类

国际化特征:善于与国际同行知名品牌合作,先后与意大利鞋业知名品牌GEOX、万利威德(VALLEVERDE)联手,有效地提升本土品牌。

9.4.1　公司简介

浙江奥康鞋业股份有限公司(简称"奥康"),其前身是创办于1988年的温州奥林皮鞋厂,经过20多年发展,先后被评为省重点骨干企业、省"五个一批"企业、省重合同守信用单位、省文明单位、省名牌产品50强、中国行业10强、全国民营100强企业;主导产品"奥康"牌皮鞋陆续获浙江省著名商标、浙江省名牌产品,连续四届蝉联中国十大真皮鞋王,并荣膺中国名牌产品等称号。公司建立了温州、重庆、东莞三大鞋业生产基地,温州、东莞两大研发中心,3000多个营销网络。2001年,奥康集团开始多品牌经营,先后推出康龙休闲鞋和美丽佳人高级时尚女鞋,取得极大成功,拥有奥康、康龙、美丽佳人、红火鸟四个自主品牌。作为目前中国皮鞋行业唯一的标志性品牌,2009年"奥康"品牌价值达66.88亿元。

2003年,集团实施多元化投资,先后在重庆市璧山县投资10亿元、征地2600亩、建设中国西部鞋都工业园区,在四川成都建立康华生物制品公司,在湖北黄冈建设高档商业步行街,在浙江温州联合其他八大行业龙头企业成立了中国第一家民营财团——中瑞财团,都取得了较好的社会效益和经济效益。

公司在稳健经营国内市场的基础上,联合意大利知名品牌GEOX与万利威德(VALLEVERDE)等跨国公司,共同拓展国际市场,力争早日将奥康品牌建设成一个国际名牌。

9.4.2　国际化实践

9.4.2.1　奥康集团与GEOX的"互换游戏"

做"互换游戏"即相互利用对方的营销网络,相互推销各自产品。奥康与意大利GEOX的合作就是一个典型案例。2002年12月奥康集团与意大利鞋业第一品牌、全球排名第八的GEOX公司正式签约。奥康集团(创办于1988年)1998年与同在温州的康奈、杰尔达鞋业同登中国鞋王的宝座,奠定了其温州市三大鞋业巨头之一的地位。2001年产值达8亿多元,拥有2000多家国内连锁专卖店。奥康早在1999年就把未来的销售瞄准国际市场。在意大利设立办事处和设立开发中心,直接聘请国外设计师担任设计任务,并在全球50多个国家与地区注册了奥康商标,同时公司在米兰著名的ARS鞋业杂志上做广告,让更多的外国人知道奥康这个中国鞋王。公司成立国际贸易部,开展自营进出口贸易。与意大利鞋业第一品牌、全球排名第八的GEOX公司正式签约。根据协议:奥康集团将全面负责GEOX在中国的品牌推广、网络建设和产品销售,同时,奥康可以享受GEOX的全球市场网络,借此向世界推销奥康的鞋子。根据资料显示,GEOX公司实力不凡,其总部设在意大利威尼斯,是一家具有300多年历史、实力雄厚的综合性企业。该公司富有特色的呼吸概念功能鞋席卷58个国家和地区,短短10多年销售额便跃至欧洲同行第一位、世界第八位。该公司2002年产皮鞋1000多万双,产值达15亿欧元,年增长速度超过50%以上。这一"强强合作"的行动引起了广泛的讨论:奥康与外国优势企业合作,对提升企业自身的竞争力、提升企业各项管理水平,甚至于对我国制鞋企业的营销模式的变革将产生一定的推动作用。2003年9月,GEOX在上海淮海路开出首家专卖店正式营业,标志着奥康与GEOX的合作有突破性进展。

9.4.2.2 与万利威德合作

2008年1月,奥康与意大利鞋业界知名度和美誉度排名第一的万利威德(VALLEVERDE)签约,奥康以2200万美元收购取得万利威德10年的全球独家总代理权和生产权。创办于1969年的万利威德主要生产"呼吸式"功能鞋,是意大利"老字号"制鞋企业,该品牌鞋子定价在1000—2500元人民币,对于奥康来说,生产和经营该品牌鞋会有不菲的利润空间。根据协议,奥康将取得万利威德的全球独家品牌代理权和生产权;万利威德提供产品研发资源,提供技术和法律方面的支持。奥康在代理万利威德两年的过程中,奥康已经将该品牌推广到了200家商场,取得令双方满意的业绩。

在此基础上,2010年5月18日,奥康与万利威德双方在上海签署协议,奥康收购后者在大中华区的所有权。至此,从2008年的品牌的特许使用、代理到2010年取得所有权是"水到渠成"。这家意大利"老字号"制鞋企业在全球拥有超过2300家专卖店,其大中华区所有权涉及中国大陆、台湾、香港等地。

至此,奥康顺利收购了万利威德的代理权、生产权与所有权,改变了过去为国外品牌代工赚取微薄利润的现状,近几年奥康的国际市场销售额不减反增,并保持较高利润率。奥康的综合实力有了进一步提升。在2009年度浙江省民营企业百强榜上,奥康榜上有名,在百强中排名与2008年相比有所上升。

9.5　夏梦与杰尼亚:跨国联姻

案例企业:夏梦·意杰(中国)服饰有限公司

行业领域:服装业

公司网址:http://www.Sharmoon.Com

公司品牌:夏梦

国际化特征:2003年夏梦与杰尼亚合资是温州民营企业引进外资的先行者,引进外资主要目的在于改造管理模式,并以成功地由家族式企业到现代企业转变

2004年6月至2010年6月,课题组对夏梦·意杰(中国)服饰有限公司做过四次访谈,先后就企业发展历程、合资背景、动因、效应等问题进行较为深入的调研。作者将四次调研资料进行整理,形成下文。

9.5.1　夏梦的发展史

浙江夏梦服饰有限公司(简称"夏梦")是一家由陈孝祥、陈孝永和陈孝平三兄弟创办的生产高档男子西装的家族制企业。1991年三兄弟合伙投资5万元,在瓯江口的灵昆岛上办起了家庭作坊式的灵昆制衣厂。几年后,产品质量和品牌已在同行中建立了良好的声誉,2002年被列为全国十大著名男装品牌。合资前夏梦的发展历史可以分为"三步走":

第一步:1991—1994年创业阶段。1991年三兄弟合伙投资5万元,在瓯江口的灵昆岛上办起了家庭作坊式的灵昆制衣厂。老大陈孝祥是灵昆家机厂的熟练焊工,一门好手艺是跟在温州市长运公司机修厂当焊工的父亲那里学来的,后来出去当推销员,又把手艺教给老三陈孝平;老二陈孝永则是灵昆岛上最有名的木匠,其间还去白象当过中巴司机。1991年三兄弟下海,办起了家庭作坊式的灵昆制衣厂,当时设备为8台机器,三兄弟的房子都做了车间,请来上海的师傅和来自宁波的工人。所有的杂活都自己干。4年间,全家20多人艰苦奋斗,亲缘血缘关系紧紧地将他们连在一起。家族成员不分老少,四年不发一分钱工资。西服日产量从最初的8套增加到200多套。

第二步:1995—1998年创建品牌阶段。市场激烈竞争,唤醒了夏梦的品牌意识:产品做得好,一定得有品牌。夏梦启用了"夏梦"商标,"夏梦"是陈孝祥女儿的名字。当陈家去注册这个已使用一年多的商标时,国家总局没有批准,因为一家江苏无锡的企业已捷足先登(早两个月注册),无奈之下,只得改商标为"夏蒙",改工厂为"夏梦制衣有限公司",有了"夏梦"企业与"夏蒙"商标(2000年,无锡那家企业因经营不善破产,陈家终于如愿将商标"夏梦"买回)。这样既设立了公司制,也拥有了品牌,产品开始供不应求。但公司的发展受到了灵昆岛上生产要素的制约,只好决定"移师"温州市区发展。在温州机场大道上,建立了夏梦第二工厂。这个时期,创业的三兄弟开始发工资了,但很低,董事长月工资仅1000元,比员工的月平均工资(1500元)还低。三兄弟没有分红,将一切可用资金投入工厂,技术、产品质量又上了一个台阶。引进80年代国际上先进技术,日产500多套,立志做温州乃至浙江最好的西服。

第三步:1999—2002年内部改造阶段。通过温州拍卖行获得某倒闭企业的地皮,夏梦2002年建成了第三工厂。此时日产西服800多套。投入大量资金进行技术改造,逐步引进德国的缝纫专用设备、意大利的整烫专用设备、瑞典的生产工艺自动传输系统、日本面辅料预处理系统、西班牙的电脑设计电脑裁剪系统等世界各国最先进设备。不仅如此,夏梦在2000年进行股份制改造,产权得以清晰化(资产量化),建立了现代企业制度的框架。董事会由陈氏三兄弟、外聘顾问和总经理(两人为不持股的独立董事)5人组成。这个时期,夏梦产品的质量和品牌已在同行中建立了良好的声誉,2002年获得"全国十大著名男装品牌"称号。

9.5.2　夏梦合资杰尼亚

由于家族制企业固有的管理能力薄弱和文化底蕴不足的缺陷,尽管产品质量和品牌已在同行中建立了良好的声誉,但近年来企业的发展未有根本性的突破。与此同时,面对中国服装企业的迅速崛起,世界许多著名服装企业也面临着巨大的竞争压力。为了利用中国低廉的劳动力资源,并打开潜力巨大的中国市场,许多世界知名的服装企业都纷纷来华寻找合作伙伴。

世界著名的意大利服装企业杰尼亚(拥有90多年历史的家族企业,以西服面料起家,在64个国家拥有研发和营销机构)瞄上了夏梦,并表达了合资的意向。经过漫长而认真的考察和谈判,双方在互补性需求驱使下,终于在2003年3月28日达成合资协议,并于当年10月1日正式开始运作。

9.5.2.1 双方合资的主要动机

(1)中方夏梦的动机

一是借船出海。由于东西方文化的差异等原因,西装很难进入西方市场,这是不争的事实。夏梦·意杰公司创立后,情况很快就发生变化。2003年10月1日开始正式运作,夏梦·意杰公司经营的仍是原"夏蒙"品牌西装,但在产品定位和质量上都有脱胎换骨的变化,定位于高档男装国际市场,这使得"夏蒙"条件成熟时,通过杰尼亚的网络进入国际市场。

二是寻求技术支持。温州最早发展民营企业和最早进入市场是温州经济发展走在中国其他地方之前的主要原因。但温州企业的技术水平相当落后,自主创新产品的能力很弱,一般都采取模仿策略,这就使得温州企业的可持续发展后劲严重不足。通过引进外资来快速提升技术水平是很多企业已经或正在考虑的一个战略问题。中国纺织业规模大,但技术含量低这是不争的事实。因合资方意大利杰尼亚公司拥有生产西服最先进的理念和技术,夏梦希望能通过引进外资来提升技术。

三是改造管理模式。将引进外资作为推进家族企业管理模式改造的主要动力,是"夏梦"的另一意图。夏梦董事长曾说过合资的目的之一就是要对原来的家族式管理模式进行改革,形成现代企业的治理结构。从形式上,外方的决策者人员都占了相当分量,合资企业夏梦·意杰的 CEO 由意大利籍的 Iuseppe Tosco 担任(一年后因身体状况已离职,但仍由外方人员担任)。

四是提升品牌知名度。将引进外资作为提升品牌知名度的重要途径,是"夏蒙"品牌建设的新思路。合资后仍使用"夏蒙"品牌,它打算在条件成熟时,通过杰尼亚的网络进入国际市场,使其国际知名度得到提升。

(2)外方杰尼亚的动机

一是受高品质和低成本所吸引。"夏蒙"品牌西服质量和品牌多年来在同行中建立了良好的声誉,2002年被评为全国十大著名男装品牌,深受国内高档消费者的欢迎。高品质吸引了杰尼亚。合资前两年,杰尼亚已开始关注夏梦。2001年2月还专门要求夏梦为其高层人员定制10套西服,对夏梦的风格和缝制十分赞赏。同时,西服的低成本又是吸引杰尼亚的另一因素。据世界劳工组织统计,目前我国制造业人工成本近1200美元/年,仅相当于日本的2.1%和美国的2.2%。中国拥有丰富的劳动力资源,并且劳动力的素质也在不断地提高,雇佣高素质低工资的中国工人,外国投资者就可大大降低投资成本,提高回报率。夏梦服饰生产的质量相当的产品,其成本只有意大利的1/20。正是高品质和低成本优势吸引了杰尼亚的"眼球",最终选择夏梦作为合资伙伴。

二是拓宽国内市场。杰尼亚的另一动因是看好中国巨大的市场,中国有 13 亿多人口的市场,中国经济的持续增长提高了消费者的购买力。通过与夏梦的合资,杰尼亚意图以低成本中附加值的"夏蒙"占领中端市场,而以高成本高附加值的"杰尼亚"控制高端市场。凭借夏梦在中国的近百家专卖店、杰尼亚品牌在中国经营历史和营销网络,从而在大陆成衣市场赢得优势。

9.5.2.2 合资带来的效益

从 2003 年 10 月至 2007 年 10 月,"夏梦·意杰"正常运作已经整四年,合资后运作效果如何,是否给夏梦公司带来了预期效果? 据调查得知,主要有以下四点:

(1)拓展国际营销

按照西服行业的惯例,全年中二三个月生产不足或工厂处于半停产状态是很正常的。但 2007 年的夏梦·意杰没有出现这种情况,生产任务非常饱满。原来夏梦只做国内市场,合资后,国际市场的比重增加,夏梦·意杰目前承接了世界五个男装品牌的加工,正在做贴牌加工,产品由原来的纯国内销售转向出口,目前出口占全部销售的比重已经大于 50%,对夏梦而言,已达到了"借船出海"的目的。

(2)提高产品技术与附加值

合资后,有了杰尼亚的技术支持和品牌文化的传承,在产品定位和质量上都有了脱胎换骨的变化,提高了产品技术与附加值,"夏蒙"品牌被定位于高档男装国际市场,因此也提高了产品定价,比同类产品要高出好几倍。夏梦·意杰承接的世界五个男装品牌的加工费要比同类企业高出许多。

(3)改造管理模式

合资企业的董事会由六人组成,双方各三个人,中方为陈氏三兄弟,外方为保罗杰·杰尼亚、吉尔多·杰尼亚两兄弟和杰尼亚总裁德力皮亚诺,不设董事长。董事会下设管理委员会,由四人构成,双方各两人。外方派遣意大利籍的 Tosco(他自取的中文名字叫陶石)担任首席执行官,担纲重要职责——主管企业经营、产品开发等工作。陶石出任夏梦·意杰 CEO,是对温州民营企业家族制的一场革命,他由此也被评为 2003 温州民营经济十大年度人物。他到夏梦·意杰的首要工作是培养一支具有国际竞争力的整体骨干队伍(为引进高级管理人才,该公司曾经以一个版面在《温州商报》上刊登了英文版的"招聘启事",以英文形式刊登在当地还是第一次),从而将原来的家族式管理模式过渡到规范的管理模式。

（4）履行社会责任

所谓企业的社会责任（Corporate Social Responsibility，简称 CSR）是指企业在创造利润、对股东利益负责的同时，还要承担对员工、对消费者、对社区和环境的社会责任，包括遵守商业道德、生产安全、职业健康、保护劳动者的合法权益、保护环境、支持慈善事业、捐助社会公益、保护弱势群体等等。在如今许多企业连基本的社会责任感尚十分缺乏的温州，社会责任意识的培育确实十分重要。然而像夏梦·意杰这样在国际化过程中先走一步的企业，已经明显感受到了社会责任的重要。夏梦·意杰已在温州民营企业中领先履行了相应的社会责任。

一是依法纳税。夏梦·意杰首席执行官 Tosco 到任后，开始按照自己的管理思路，逐步实施。从指导思想上，遵循先遵守国家法律，足额交税，再保证员工利益，最后才是老板的利益分配顺序。在具体做法上，他立足于公司长期综合能力的培育，不求一招鲜，因此他十分注重管理制度的规范化，要求每笔业务往来都有正规的发票。尤其在纳税问题上，他主持工作以后，首先就要求企业足额交纳应交税款，2003 年该企业成为龙湾区的纳税大户。这一思路，与温州民营企业的传统做法迥然不同，尽管中方的股东尊重CEO 的决定，逐渐接受了这一理念，但在遇到一些具体问题时，由于一时难以适应新的管理方式，难免会出现各种小摩擦。一次，公司的煤用完了，陈氏兄弟退休在家的老爹见了以后，自告奋勇地亲自去拉煤。回来后，由于没有正式的发票，公司没有给予报销。老先生暴跳如雷，十分不理解：第一，我是好心帮忙，又没要报酬；第二，开发票的话，由于税收原因，要白白多付百分之几的钱，这不傻吗？但现在管理财务的已经不是自己的媳妇了，老外只认制度不认人，尽管他满肚委屈，最后，也不得不接受。出于逃税动机，双方在采购时不开发票的做法，在温州民营企业中几乎已成惯例。但夏梦·意杰服饰公司的外方管理者却对这种做法说不。这一态度显然对温州民营企业产生了极大的震动。

二是提高员工福利待遇。2003 年 12 月 1 日起，夏梦·意杰的全体员工参加了五个项目的劳保待遇（养老、生育、工伤、失业、医疗保险），这一措施使得夏梦·意杰的人力资源成本比过去增加了 40%。陶石认为，这是一个企业应该做的，也是员工应该得到的。他的理由就是：员工是企业最好的合作伙伴，也是企业作为"一支军队"的核心力量。公司管理人员可以领取全年 13 个月的工资，实行双休日。生产工人加班工资规定，周一至周五八小时外的加班，按原工资的 1.5 倍发放，周六、周日的加班费按原工资的两倍发放。夏梦·意杰工会建设在外资企业中也是领先的，这有利于促进合资企业创建和谐的劳动关系。公司工会于 2008 年 3 月成立。成立之初为企业内

850名职工做的第一件实事,就是对职工食堂进行改建。在企业工会的建议下,企业投入了12万元用于食堂改建,让职工即使工作得再迟,也能吃上热腾腾的饭菜。随后,企业工会又在筹备集体劳动合同制度,这份合同从维护职工权益出发,对职工的劳动时间、休假权利、劳动合同以及工资增长机制等各个方面都将作出具体的规定。另外,企业工会还开展了丰富的文体活动,拔河比赛、猜灯谜、放电影等活动为职工的业余时间添了不少乐趣,工会还在企业内部开展一次技能竞赛,以工种为别,缝制、整烫、裁剪等岗位都通过比赛决出自己的技能冠军。这项活动一方面可促进职工技能水平的提高,另一方面可服务企业发展。

当然,双方在合资过程中也存在一定的摩擦,比如东西文化的差异,因承担社会责任而提高企业的运行成本等问题,还需要一个磨合和调适的过程。夏梦与杰尼亚的合资是一个典型案例,也是温州民营企业引进外资的先行者,它的示范作用不可低估。

9.6 康奈集团:国际连锁专卖

案例企业:康奈集团

行业领域:鞋业服饰

公司网址:www.kangnai.com

公司品牌:康奈,kangnai

国际化特征:2001年国内第一家以自主品牌"康奈"在海外开出连锁专卖店的鞋业,至今在全球全面铺开,已经达到250多家,实现了品牌输出

9.6.1 公司简介

1980年,郑秀康(现任康奈集团的董事长)离开原工作单位温州市通用机械厂创办了"红象皮鞋制作坊",投资仅为500元,凭着他在原工厂的工作经验,产品在同行中有着质量过硬和款式新颖的优势,销路还是逐渐被打开了。1983年他的家庭作坊改名为"洪盛皮鞋皮件厂",拥有职工50人,到1987年拥有500万元左右的资产。但是当时因温州皮鞋总体质量粗糙,还曾出现假冒伪劣现象,最终导致1987年杭城武林广场的"焚鞋事件",温州皮鞋被全国10多个城市"驱逐出境",温州鞋界陷入前所未有的困境。但是郑

秀康不气馁,1989 年将原厂改名为"长城鞋业公司",他要修筑质量的长城,并注册了"康奈"商标,意味着"健康发展,其奈我何"。2001 年初由于企业规模的进一步扩大而改名为康奈集团。

康奈集团现有员工 5000 多名,固定资产 4 亿元,占地 160 亩,拥有国际一流水平的制鞋工艺和装备。主营中高档康奈牌皮鞋,兼营涉及皮件、服饰、内衣、商贸、自营出口等领域。自 1993 年以来,康奈已获得"中国十大鞋业大王"、"中国真皮标志名牌"、"中国真皮领先鞋王"、"中国名牌",蝉联三届"真皮标志杯"全国皮鞋设计大奖赛特等奖等,累计获得各种荣誉 200 多项。2003 年被中国工业经济联合会授予"向世界名牌进军、具有国际竞争力的中国企业"称号;2004 年又光荣入选"2004 年中国最具影响力 50 家民营企业"。可以说,康奈集团在鞋服领域取得的成功为多元化发展奠定了坚实基础。在以鞋为主业的基础上,公司形成了商业地产、境外园区、服饰产业等三大业务板块的发展格局。康奈已在全国设立了专卖店 2500 多家,产品远销欧美、东南亚及中国香港等三十几个国家和地区。2009 年康奈集团销售收入达 23 亿元。

表 9.2　康奈集团发展历程表

时间	发展历程	备　注
1980 年	红象皮鞋制作坊	投资仅为 500 元
1983 年	洪盛皮鞋皮件厂	1987 年拥有 500 万元左右的资产
1989 年	长城鞋业公司	修筑质量的长城
2001 年初	康奈集团	"康奈"商标,意味着"健康发展,其奈我何"

资料来源:根据谢健、李忠宽等. 温州制造:透过民营企业看新温州模式. 太原:山西经济出版社,2001:13—15 整理.

9.6.2　国际化拓展实践

1994—1998 年:间接出口阶段。从 1980 年公司创办到 1992 年康奈鞋类处于纯国内经营阶段,产品在同行中有着质量过硬和款式新颖的优势,为国际经营奠定了基础。1993 年 9 月,"康奈"皮鞋在中国首届鞋业大王博览会上荣获"中国十大鞋业大王"的称号。1994 年"康奈"皮鞋开始出口国外,通过外贸公司间接出口。1998 年公司成立了国际贸易部门,配置了相关外贸人才,成立了与外贸业务相配套的产品设计开发部、产品展示厅等。

1999 年开始:直接出口阶段。1999 年开始我国民营企业可以申请外贸经营权,康奈抓住机遇,开始自主开拓国际市场,也开始了直接出口。

2001 年开始：设立海外销售机构（国际专卖连锁店）。2000 年康奈提出了"开拓海外市场、实施品牌专卖、打响民族品牌"的海外品牌战略思想。2001 年 1 月，康奈在世界时尚之都巴黎的第 19 街区繁华闹市开出了一家 50 多平方米的专卖店，意味着康奈在海外拥有销售部门。店里有两样东西很醒目：一样是康奈那个高高昂起的老人头商标；一样就是"中国温州制造"的醒目字样。康奈成功开设了巴黎专卖店后，第二步的目标选择了美国纽约，2001 年 8 月份，纽约康奈专卖店如期开业。现已在法国、荷兰、美国、意大利等 20 多个国家开设了 200 多家专卖店，并成功进入境外主流市场。消费群体也从刚开始的八成华侨加二成老外，逐步变为二成华侨加八成老外，每双康奈皮鞋的零售价都在 60 美元以上，以中档的价格，中高档的产品，在海外形成了较强的竞争力，逐渐获得了海外消费者的认可。

2006 年开始：设立海外生产基地。2006 年经商务部批准，在国家有关部门的大力支持下，康奈牵头在俄罗斯乌苏里斯克组建了投资 20 亿美元的中国首批境外经贸合作区（温州康奈集团联合吉信工贸集团、华润公司投资兴建）。该合作区现入驻企业达到 22 家，其中三分之二是温州的制鞋企业，2009 年合作区实现销售 15800 万美元、税金 2780 万美元，成为俄罗斯乌苏里斯克市第一纳税大户。2010 年，公司鞋业总量将达到 3000 万双，销售突破 2.5 亿美元。

9.6.3　启示

9.6.3.1　自主品牌建设

定位高端市场使得康奈皮鞋走出了温州皮鞋低质和低价的阴影，为其国际化打下深厚的基础。康奈下决心走"高端"路线是从 1990 年开始的。郑秀康第一个引进机械化，注册昂首挺胸的人头像商标"康奈"，改厂名为"长城鞋业"，强化全面质量管理。3 年后的 1993 年，由康奈人自主开发的温州第一款高档欧版真皮皮鞋"大利来"，当仁不让地一举拿下"中国十大鞋业大王"称号。从 1993 年至今，康奈荣获的各种荣誉已超过 280 项，是中国鞋业荣获"国字号"的最多的企业。在国内康奈成功打响品牌后，中国即将入世的消息传来，郑秀康又把目光投向了国外。从开始出口 20 多个国家，到现在把专卖店开到 10 多个欧美国家，并代为 30 多个国外高档品牌做加工，康奈始终走的是"高端"路线。在国内皮鞋平均出口价不到 5 个美元的情况下，康奈的最低出口价也超出 12 美元，一般都在 30 美元左右。康奈在做 OEM 时订下一个"规矩"：低档一律不做，而且产品一律在国外销售，而不是戴上洋品牌的帽子走进国内市场。由于康奈有国际一流、工艺精湛的制造能力,这些走出国门的康奈产品一般都卖到30美元一双甚至更高。一些精品鞋还被老外从当地"出口"到中国来,进入国内顶级商场,售价在2800元人民币以上。

9.6.3.2　构建国际营销体系

巧借"温商网"使康奈品牌走出国门。在上世纪90年代末,中国产品走出国门已经很普遍,但是中国品牌走出国门尚在少数。如何找到一条便捷、有效的"出门"路?郑秀康经过一番深思熟虑,觉得借助海外温籍华人华侨,把康奈专卖店开到国外倒是一条可以试行的路子。世界各地有40多万温籍华侨华人,他们长期在国外定居或经商,许多人已是成功人士,当地社会名流。自1998年以来,康奈每年都要参加世界各地的大型鞋展,接触不少海外温籍商人。这些华侨还经常会回中国探亲访友、从事商业活动,郑秀康就邀请他们到公司作客、洽谈合作事宜。康奈在国内的高知名度、良好的品牌信誉以及坚定不移"走出去"创国际品牌的坚定决心,让各国温籍华侨们充满信心,纷纷与康奈签订代理合同。郑秀康告诉记者,这些海外康奈店的老板在出国前,有的就经营过康奈皮鞋,同康奈建立了深厚的感情。像美国纽约康奈代理商朱先生的亲属以前在国内就是康奈的经销商。为了尽快扩大康奈在欧美的知名度,康奈在欧美华人报纸、公共汽车、路牌灯箱上经常刊登康奈形象广告和招商广告。事实证明,这一招非常有效。像罗马、米兰、巴黎、雅典等地华人都是《欧华时报》等华文报纸的读者。最主要的还是康奈皮鞋的舒适、时尚、质量过硬,价位又比较适合当地消费。新加坡的客商李杰罗先生某次参加"轻博会",特意找到康奈集团要在该国开一家康奈店。原因是新加坡某报纸刊登过一则该国两任部长买康奈皮鞋的新闻引起他的兴趣。经过一番周密调研,他决定亲自来中国一趟。老外找上门来要在国外开康奈店,足见康奈品牌的国际影响力已不可小觑。

9.6.3.3　参与行业标准制定

SATRA(Shoes and Allied Traders Research Association,简称SATRA),是一家1919年组建于英国的全球性鞋类认证机构,代表着世界鞋类认证的顶尖水平。许多品牌公司如阿迪达斯、耐克、锐步等均使用或参考SATRA的技术标准,并要求其供应商使用SATRA服务。而且SATRA还能确保遵照欧洲健康和安全、环境服务等最新立法,协助各国设置ISO、SA(包括SA 8000标准)等系列认证系统。入世后,随着关税壁垒中对贸易影响的逐步弱化,非关税壁垒已成为我国出口的主要障碍。技术性壁垒更由于其一定程度的合法性和隐蔽性,成了现今中国企业所面临的主要贸易壁垒。为了"对付"它,中国企业近年来采取的措施不外三种:绕开走、搞游说、不惜成本技术攻关。作为中国制鞋业的领军企业,康奈 2001 年,在经过多次接触沟通之后,康奈成功地加入 SATRA 组织。这几年 SATRA 每年都为康奈提供包括提高产品工艺、产品品质等技术服务。但是近年来中国企业在国外频繁遭受的"不公平"待遇,引起了康奈高层的注意:中国必须要建立拥有自主知识产权的科研机构,最终实现与国际知名品牌鞋企同步前行。2004 年 9 月 5 日,康奈与英国 STATRA 组织在北京人民大会堂举行合作协议签字仪式。双方合作内容包括,康奈将在 SATRA 的技术服务下,投资 1000 万元在国内建立鞋类研发认证实验室,研发世界最新鞋类技术、工艺,研发最新国际鞋类技术、环保标准等。康奈的远景设想是,在该实验室成为国内制鞋行业顶尖研发机构后,随时准备接受国家有关部门的委托,帮助制订中国的鞋业贸易技术规范,对外国进口产品施加影响。中国入世首席谈判代表、博鳌亚洲论坛秘书长龙永图、商务部进出口公平贸易局局长王世春、中国 WTO 研究会副会长吴家煌等专家学者出席了当天签约仪式,并在"融入与超越——破解国际贸易壁垒新思维论坛"上发言,对康奈的创举予以高度评价。

9.7　冠盛集团:区域营销网络

案例企业:温州市冠盛汽车零部件集团股份有限公司

行业领域:汽车零部件出口基地企业

公司网址:www.guansheng.com

公司品牌:GS.P

国际化特征:2002—2005 年迅速构建了北美区域营销网络,在亚特兰大、洛杉矶、纽约、迈阿密、南卡罗来纳州设立了 4 家分公司与 1 家工厂。其中,GSP 北美有限责任公司,是 2005 年冠盛在美国南卡罗莱纳州收购一家小规模汽车零配件翻新厂而建立的

9.7.1　公司简介

温州市冠盛汽车零部件集团股份有限公司(GSP Automotive Group

Wenzhou Co.,Ltd 简称"GSP")创建于 1999 年,专业生产等速万向节、传动轴、轮毂轴承等汽车零部件等。集团在中国香港、美国、欧洲等地拥有十余家分公司。公司集科研、生产、经营为一体,产品覆盖美国、日本、欧洲、韩国及中国五大车系 4000 多个规格品种,现为国家级高新技术企业、国家汽车零部件出口基地企业。现在 95% 产品出口,其中 40% 销往美国市场,30% 销往西欧和东欧市场,整个集团包括全球子公司营业额在 10 个亿左右。2009 年冠盛的销售收入达 6.7 亿元,出口 6000 多万美元,创利税 5000 多万元。产品已进入跨国公司全球汽配采购体系,并在海外 136 个国家和地区建立起了营销网络,其"GSP"商标在全球 93 个国家和地区登记注册。2010 年 3 月 26 日,温州市政府授予冠盛公司"2009 年度外贸企业出口 30 强单位"和"2009 年度温州市外经工作先进单位"两项殊荣。

9.7.2　国际化拓展实践

金融危机发生后,公司出口最大的美国市场一度萎缩,但很快便恢复了正常,而且 2008 年、2009 年销售保持略有增加,很大程度上得益于美国的营销网络。为绕开中间商的恶性竞争,直接将产品销售到美国终端客户,2002 年冠盛在美国亚特兰大设立销售公司,2005－2008 年期间,又在南卡罗来纳州、迈阿密①、洛杉矶②设立了 3 家分公司,初步形成了北美、中南美的较为完善的销售网络。

2002 年亚特兰大公司。美国是冠盛最大的市场(占其销售额 40% 以上),但其产品出口方式却一直是通过美国的中间商,再转手到零部件企业。在这样的情况下,多数的利润掌握在中间商手里,而竞争对手却是时常出现压价竞争的国内企业。2002 年,冠盛汽配董事长周家儒决定尝试绕开中间商,直接将产品销售到美国。冠盛进入美国设点始于 2002 年,当时成立的是一个办事处,地点设在亚特兰大。

2003 年美国冠盛办事处升格为美国冠盛公司。而海外中间商却对冠盛的行为进行了抵制,订单量锐减。从 2004 年开始,冠盛出台新的制度,每年四个季度的董事会,在中国与美国交替召开。目的是了解美国市场,直接与客户沟通交流。

2005 年洛杉矶、纽约、迈阿密建立销售公司。2005 年冠盛一下子在洛

① GSP2005 年在美国佛罗里达州迈阿密设立的一家销售子公司为中南美公司(GSP Automotive Inc.)。——源自企业网站。

② GSP 在美国洛杉矶设立的子公司,为美西公司(GSP West LLC),GSP 北美责任有限公司的参股公司。——源自企业网站。

杉矶、纽约、迈阿密建立三家销售公司,加上此前的亚特兰大公司,销售公司达到 4 家,初步形成了北美销售网络。与此同时,他们频频与美国几大汽车零部件连锁超市接触,寻求在终端市场销售的机会。通过一年多时间的谈判之后,这一年他们终于和拥有 3000 家连锁店的美国十大汽车零配超市之一 ADVANCE 接上了线,并签订了 GSP 品牌产品供货合同,正式进入美国售后市场的主渠道。仅 ADVANCE 的订单,一年就达 2500 万美元。有了这张王牌之后,周家儒想到的问题同当初海尔的张敏一样:想要真正让这个市场的消费者接受你的品牌,就必须实现品牌的本土化。

GSPNA 的诞生。南卡罗莱纳州是美国工会比例最低、雇佣开支最低的州,然而它聚集了众多美国之外的著名汽车企业:如北美独家德国 BMW 宝马公司装配厂、德国博世(BOSCH)、法国米其林(MICHELIN)等,因此选择在南卡建厂毋庸置疑。对于周家儒来说,寻找什么样的人合资建厂才是关键。从 2003 年在美国建立第一家公司开始,冠盛的海外公司无一例外地选择与当地掌握较多资源的代理商、合作伙伴合资、由冠盛控股的方式。在南卡州,通过介绍,他们将目标锁定在一个与周家儒年龄相当的美国人瑞奇上。瑞奇是美国汽车零部件翻新协会会长,有着 30 年汽车零部件行业从业经验。瑞奇在南卡州的斯巴达堡(Spertanburg)拥有一家小规模零部件翻新厂,由于美国汽车品牌逐渐将零部件订单转向亚洲,美国汽配企业并不景气,瑞奇的工厂同样面临倒闭的危机。冠盛在美国的重要客户——美国第二大零部件翻新厂 AII 与瑞奇联系密切,通过这层关系,冠盛与瑞奇达成了合作意愿。2005 年 6 月,冠盛以 70 万美元的价格收购了瑞奇工厂 70% 的股份,取得控股地位。新公司改名为 GSPNA(GSP Auto Parts North America Co., Inc.),这个公司被定位在加工一部分订单,并且为冠盛美国的产品提供售后服务。

公司的美国股东瑞奇从原来的 CEO 改任 COO(首席运营官),主抓生产。在合资之后,尽管瑞奇在公司的职务上降了,但其年薪却较此前提高了 2 万美元,达到了 7 万美元。在各项准备工作完备之后,新公司正式开始投资运作,这时候,全体员工是 107 人,其中白人和美国墨西哥人占了大部分。2006 年 1 月,GSPNA 员工已经扩大到 129 人,是该州雇员人数第二大的中资企业(仅次于海尔美国南卡公司)。2006 年,GSPNA 实现销售收入 1500 万美元,开始盈利。2008 年该公司实现销售收入 2600 多万美元,有效带动了温州冠盛公司的出口额的快速增长,扩大了 GSP 品牌在北美地区的影响力。

表 9-3　冠盛国际化拓展实践一览表

时　间	事　件
2002	亚特兰大公司
2003	美国冠盛办事处升格为美国冠盛公司
2005	洛杉矶、纽约、迈阿密建立三家销售公司
2005 年 6 月	以 70 万美元的价格收购了某汽车零部件翻新厂 70％的股份,取得控股地位,新公司改名为 GSPNA

资料来源:作者根据调研整理。

9.7.3　启示

(1)得益于完善的营销网络。2002 年前后国内行业间的恶性竞争已经出现,利润越来越薄,究其因是企业没有掌握销售的话语权,话语权在外贸公司和进口商手里。要掌握销售权,就要绕开经销商,把产品直接销售到终端,因此 2002 年冠盛在美国亚特兰大设立了第一家销售公司。2005 年在洛杉矶、纽约、迈阿密、南卡罗来纳州设立了 4 家分公司,形成了北美地区比较完善的营销网络。金融危机发生后,公司出口最大的美国市场一度萎缩,但很快便恢复了正常,而且 2008 年、2009 年销售保持略有增加,很大程度上得益于区域完善的营销网络。

(2)全球资源整合。用 GSP 技术标准、信息优势整合别人的产品,再用 GSP 在美国的营销网络销往世界,然后对里面的利润进行分配,这是走出去。还有引进来,GSP 把中国不能生产的优质零部件产品引进来,卖到国内市场。

(3)国际化三部曲:走出去、走进去、走上去。像 GSP 现在还是走进去,温州有很多企业是走出去,把产品卖到国外去,到国外参加展览会;走进去,要融入当地的主流社会,你要在当地设立公司,把产品卖到终端;走上去,要在全球建立营销网络,进行全球资源总调配。

企业要提升自身实力,必须不断进行产品创新与技术研发。要懂得,有些先进的技术和管理经验不仅难以在国内市场获得,也不易通过公开购买方式获得。如果在境外设立合营企业或收购当地企业,掌握并吸收被并购企业的技术、市场、管理等优质资源,那么它便可以反馈母国企业,提升产品质量与附加值,并辐射全球其他子公司,实现全球资源有效整合,带动自身产业升级。温州冠盛集团在北美收购当地企业从而达到产业升级就是一个很好的例子。

参考文献

[1] Barkema H G, and F. Vermeulen (1998): International Expansion through Start-up or Acquisition: A learning Perspective, Academy of Management Journal, 41(1):7—26.

[2] Cavusgil, S. T. (1980):On the Internationalization Process of Firms, European Research,8:273—281.

[3] Cavusgil, S. T. (1982): Some Observations on the Relevance of Critical Variables for Internationalization Stages, Export Management, An International Context, Czinkota, M. r. , Tesar, G. (eds). Praeger: Newyork: 276—288.

[4] Fletcher, R. (2001): A Holistic Approach to Internationalization, International Business Review, 10(1): 25—29.

[5] Forsgren, M. (2002): The Concept of Learning in the Uppsala Internationalization Process Model: A Critical Review, International Business Review, 11:257—277.

[6] Haleblian, J. , and S. Finkestein (1999): the Influence of Organizational Acquisition Experience on Acquisition Perfor-mance: A Behavioral Perspective, Administrative Science Quarterly, 44(1):29 —56.

[7] Johanson, J. , and Weidersheim-paul, F. (1975): The Internationalization of the Firm-Four Swedish Cases, Journal of Management Studies, 12(3):305—322.

[8] Johanson, J. , and Vahlnc, J. E. (1977): The Internationalization Process of the Firms: A Model of Knowledge Development and

Increasing Market Commitment, Journal of International Business Studies, 8(2):23—32.

[9] Johanson, J. , andVahlnc, J. E. （1990）: The Mechanism of Internationalization, International Marketing Review, 7(4):11—24.

[10] Johanson, Jon and Lars-Gunnar Mattsson(1988):Internationalization in Industrial Systems: A Network Approach:446—472. in Neil Hood and J. E. Vanune（eds）, Strategies in the Global Competition, Beckenham, Kent: Croom Helm for the Institute of International Business, Stockholm School of Economics.

[11] Lajoux, R. （1998）: The Art of M&A Integration, NewYork: McGraw-Hill.

[12] Lawrence S. Welch & Reijo K. Luostatinen(1993): Inward-outward Connection in Internationalization, Journal of Internatioanal Marketing, 1:44—57.

[13] Mathews, John A. , and Cho, Dong-Sung（1999）: Combinative Capabilities and Organizational Learningin Latecomer Firms: The Case of the Korean Semiconductor Industry, Journal of World Business,34(2):139—156.

[14] Raymond, Louis, and Samir Blili(2001):Organization Learning as a Foundation of Electronic Commerce in the Network Organization, International Journal of Electronic Commerce, 5(2):29—45.

[15] Very, Philippe, and David M. Schweiger(2001): The Acquisition Process as a Learning Process: Evidence from a Study of Critical Problems and Solutions in Domestic and Cross-Border Deals, Journal of World Business , 36(1):11—31.

[16] Fletcher, R. （2001）, A Holistic Approach to Internationalization, International Business Review, 10(1):25—29.

[17] Aharoni, Yair （1966）, The Foreign Investment Decision Process, Boston: G. S. B. A. , Harvard University, 1966.

[18] Johanson, Jan, Finn Wiedersheim-Paul （1975）, The Internationalization of the Firm-Four Swedish Cases, Journal of Management Studies, 12(3):305—322.

[19] Johanson, Jan, J.-E. Vahine （1977）, The Internationalization Process of the Firm-A Model of Knowledge Development and Increasing Foreign Market Commitments, Journal of International

Business Studies, 8(1): 25—34.

[20] Johanson, Jan, J.-E. Vahlne (1990), The Mechanism of Internationalization, International Marketing Review, 7(4):11—24.

[21] Cavusgil, S. T. (1980), On the Internationalization Process of Firms, European Reasearch, 8:273—281.

[22] Cavusgil, S. T. (1982), Some Observations on the Relevance of Critical Variables for Internationalization Stages, in Czinkota, M. R., Tesar, G. (eds), Export Management, An International Context, Praeger: New York:276—288.

[23] Reid, S. (1984), Market expansion and firm internationalization. In International Marketing Management, ed. E. Kaynak: 167 — 206. Praeger, New York.

[24] Hedlund, G. and Kverneland, A. (1985), Are strategies for foreign markets changing? The case of Swedish investment in Japan, International Studies of Management and Organization, 15 (2): 41 —59.

[25] Millington, A. I. and Bayliss, B. T. (1990), The process of internationalization: UK companies in the EC. Management International Review, 30(2), 151—161.

[26] Benito, Gabriel R. G., Gripsrud, Geir (1992), The Expansion of Foreign Direct Investments: Discrete Rational Location Choices or a Cultural Learning Process? Journal of International Business Studies, 23(3):461—476.

[27] Forsgren, M. (2002), The concept of learning in the Uppsala internationalization process model: a critical review, International Business Review, 11(3):257—277.

[28] Forsgren, M., J. Johanson (1992), Managing Internationalisation in Business Networks. Chapter 1, in M. Forsgren, J. Johanson (Eds), Gordon and Breach:1—16.

[29] Eriksson, K., Johanson, J., Majkgard, A., & Sharma, D. D. (1997), Experiential knowledge and cost in the internationalization process, Journal of International Business Studies, 28(2):337—360.

[30] Chetty, Sylvie, and Blankenburg Holm, Desisree (2000), The Role of Business Networks in the Internationalization of Manufacturing Firms: A Longitudinal Case Study, in MacNaughton, Rod, B.

(eds), Developments in Australasian Marketing, Stamford, Connecticut: JAI Press Inc. :205—222.

[31] Stephen P. Dukas, Ali M. Fatemi, Amir Tavakkol, "Foreign Exchange Exposure and the Pricing of Exchange RateRisk", Global Finance Journal, 1996,7(2)

[32] Amalia Di Iorio, Robert Faff, "An Analysis of Asymmetry in Foreign Currency Exposure of the Australian Eq-uities Market", Journal ofMultinational Financial Management, 2000(10):133—259.

[33] Ronald MacDonald, "Is the Foreign Exchange Marke't Risky'? Some New Urvey-based Results", Journal of Multinational Financial Management, 2000(10):1—14.

[34] Halil Kiymaz, "Estimation of Foreign Exchange Exposure: An Emerging Market Application", J. of Multi. Fin. Manag, 2003(13):71 —84.

[35] Daniel Sullivan, (1994), "Measuring the Degree of Internationalization of a Firm", Journal of International Business Studies, 25(2): 325 —342.

[36] Hymer, S. (1960): The International Operation of National Firms: A Study of Direct Foreign Investment, Doctoral Dissertation, Massachusetts Institute of Technology.

[37] Kindleberger, C. P. (1969): American Business Abroad : Six Lectures on Direct Investment, New Haven, Yale University Press.

[38] Vernon, R. (1966): International Investment and International Trade in the Product Cycle, Quarterly Journal of Economics,80.

[39] Kojima, K. (1978): Direct Foreign Investment: A Japanese Model of Multinational Business Operations, London, Croom Helm.

[40] Dunning, J. H. (1981): International Production and Multinational Enterprise, George Allen & Unwin, London.

[41] Caves, R. E., 1974. Multinational Firms, Competition and Productivity in Host-country Markets, Economica, 41:176—193.

[42] Globerman, S., 1979. Foreign Direct Investment and 'Spillover' Efficiency Benefits in Canadian Manufacturing Industries. Canadian Journal of Economics, 12:42—56.

[43] Blomstorm, M., 1986. Foreign Investment and Productive Efficiency, the Case of Mexico. Journal of Industrial Economics, 15:

97—100.

[44] Flores, Renato G. , Maria Paula Fontoura and Rogerio Guerra Santos, 2000. Foreign Direct Investment Spillovers: What Can We Learn from Portuguese Data? Mimeo, Universidade Tecnica de Lisboa.

[45] Findlay, R. , 1978. Relative Backwardness Direct Foreign Investment and the Transfer of Technology: a Simple Dynamic Model, Quarterly Journal of Economics, 92:1—16.

[46] Kokko, A. , 1994. Technology Market Characteristics and Spillovers, Journal of Development Economics 43:279—293.

[47] Nigel driffield and James H Love, 2002. Dose The Motivation for Foreign Direct Investment Affect Productivity Spillovers to The Domestic Sector? University of Birmingham, Research Paper, No. 0202.

[48] Ping Lin and Stephen Young, 1996. Foreign Direct Investment and Technology Transfer. A Case Study of Foreign Direct Investment in Northeast China, Transnational Corporation 5(1): 64.

[49] Lawrence S. Welch and Reijo K. Luostatinen: Inward-outward Connection in Internationalization, Journal of International Marketing,1,1993:44—57.

[50] Tore Karlsen, Pal R. Silseth , Gabriel R. G. Benito and Lawrence S. Welch: Knowledge, Internationalization of Firm, and Inward-outward Connections, Industrial Marketing Management,32, 2003: 385—396.

[51] 赵昆璧,李征.跨国经营之路:国际化经营研讨会论文集.北京:中国社会科学出版社,1991.

[52] 欧志伟,金芳.跨国经营之路:中国海外企业的发展与前景.上海:上海社会科学院出版社,1992.

[53] 鲁桐.企业的国际化——兼评中国企业的海外经营.世界经济与政治,1998(11).

[54] 鲁桐.中国企业如何向外发展?——兼评企业国际化阶段论.国际经济评论,1998(3—4).

[55] 鲁桐.企业国际化阶段、测量方法及案例研究.世界经济,2000(3).

[56] 鲁桐,李朝明.温州民营企业国际化.世界经济,2003(5).

[57] 赵伟.民营企业国际化:现状评价与路径建议.国际经济合作,2005(8).

[58] 王夏阳,陈宏辉.基于资源基础与网络能力的中小企业国际化研究.外国经济与管理,2002(6).

[59] 蔡宁,杨旭.论企业集群和中小企业国际化发展.中国软科学,2002(5).

[60] 任会中.浙江民营企业跨国经营的特色.经济管理,2002(15).

[61] 欧阳瀚夫.对温州中小企业国际化经营的 SWOT 分析.温州职业技术学院学报,2006(3).

[62] 李占祥,卢馨.中国企业如何创造跨国经营竞争优势.经济管理,2003(6).

[63] 周朝霞,赵超男,王赛芝.温州企业品牌国际化现状及战略演进.商业时代(理论版),2004(24).

[64] 刘志彪,张晔.苏州与温州:国际化模式的比较及展望.温州论坛,2005(6).

[65] 谢健.企业经营国际化、区域经济国际化中的温州模式.财贸经济,2005(12).

[66] 朱允卫,黄祖辉.温州鞋业企业国际化状况的调查与分析.经济理论与经济管理,2006(1).

[67] 任晓.温州民营企业的国际化:一个观察样本.浙江经济,2006(6).

[68] 刘志彪等.区域经济国际化模式比较与升级方向:以苏州和温州为例.河南社会科学,2006(9).

[69] 任晓.温州地区民营企业的国际化模式.国际贸易问题,2008(9).

[70] 朱廷珺.外国直接投资的技术外溢效应:文献述评.兰州商学院学报,2005(2)

[71] 裴长洪.利用外资与产业竞争力.北京:社会科学文献出版社,1998.

[72] 王春法.FDI 与内生技术能力培育.国际经济评论,2004(3—4).

[73] 许罗丹,谭卫红,刘民权.四组外商投资企业技术溢出效应的比较研究.管理世界,2004(6).

[74] 严兵."以竞争换技术"战略与外资溢出效应——基于我国工业部门相关数据的分析.财贸经济,2005(1).

[75] 邹昭晞,李志新.中国吸引外资的整体战略性成效.经济管理,2008(13).

[76] 王允贵.利用外商投资中"以市场换技术"剖析.国际贸易问题,1996(9).

[77] 陈涛涛,白晓晴.外商直接投资的溢出效应:国际经验的借鉴和启示.国际经济合作,2004(9).

[78] 贺灿飞,魏后凯.信息成本、集聚经济与中国外商投资区位.中国工业经

济,2001(9).

[79] 徐康宁.开放经济中的产业集群与竞争力.中国工业经济,2001(11).

[80] 王剑,徐康宁.FDI 的地区集聚及其空间演化——以江苏为例的研究.中国工业经济,2004(12).

[81] 林俐.国际化经营两大发展模式的比较研究.国际贸易问题,2003(4).

[82] 林俐.民营企业国际化经营研究:基于温州的实践.杭州:浙江大学出版社,2007.

[83] 赵伟,古广东等.民营企业国际化:理论分析与典型案例研究.北京:经济科学出版社,2006.

[84] 任晓.企业国际化的一般进程及其影响因素:文献综述.国际贸易问题,2006(2).

[85] 费孝通.温州行.瞭望,1986(3—4).

[86] 何荣飞.温州经济格局.杭州:浙江人民出版社,1987.

[87] 袁恩桢.温州模式与富裕之路.上海:上海社会科学院出版社,1987.

[88] 任会中.浙江民营企业跨国经营的特色.经济管理,2002(15).

[89] 刘文纲,汪林生,孙永波.跨国并购中的无形资源优势转移分析——以TCL 集团和万向集团跨国并购实践为例.中国工业经济,2007(3).

[90] 白小虎.浙江专业市场理论、实践与研究展望.中共浙江省委党校学报,2008(6).

[91] 陆立军,白小虎.从"鸡毛换糖"到企业集群——再论"义乌模式".财贸经济,2000(11).

[92] 蔡江静,汪少华.以产业群为依托的专业市场的发展分析——以浙江台州专业市场为例.当代财经,2005(8).

[93] 李治国,徐剑刚,曾利飞.人民币升值压力下存在 J 曲线效应吗.世界经济研究,2007(3).

[94] 孙伯良.区域产业结构对人民币升值"逆效应"的影响.经济理论与经济管理,2007(11).

[95] 梁琦,徐原.汇率对中国进出口贸易的影响——兼论 2005 年人民币汇率机制改革.管理世界,2006(1).

[96] 刘庭,赵新奎.人民币升值实际贸易效应不显著的原因分析.对外经贸实务,2008(1).

[97] 杨帆.人民币升值对中国经济影响问题探讨.新金融,2005(1).

[98] 欧元明,王少平.汇率与中国对外出口关系的实证研究.国际问题研究,2005(9).

[99] 权婧雅,朱明磊.人民币升值对外贸企业的影响及对策.经济师,2006

(6).

[100]　许佩勤.人民币升值与出口企业对策.特区经济,2006(6).

[101]　曹垂龙.论人民币汇制改革对我国进出口贸易的影响——兼析人民币汇率的未来走势.财经问题研究,2006(7).

[102]　周业樑.浙江纺织服装业应对人民币升值的调查报告.国际经济评论,2008(1—2).

[103]　许梅恋.人民币升值对降低我国贸易顺差的作用分析——基于不同贸易方式的分析.国际贸易问题,2008(1).

[104]　樊琦.汇率变动对浙江机电产品出口的影响与对策.北方经济,2010(6).

[105]　石珊舟.人民币升值对浙江省中小型纺织品出口企业的影响.消费导刊,2010(4).

[106]　李敏.人民币汇率的波动—失调及其对泛长三角经济圈出口贸易的影响.中国科学技术大学博士学位论文,2010.

[107]　曹金凤.冷洛·比较分析亚洲金融危机与美国金融危机对我国经济的影响及启示.云南财贸学院学报(社会科学版),2008(10).

[108]　李华民.金融开放格局下的外源性金融危机:危机源甄别及其政策含义.中国软科学,2007(3).

[109]　何守超.金融危机冲击下的民营企业国际化模式转型——基于温州企业的分析.经济社会体制比较,2010(2).

[110]　张建清,魏伟.金融危机下中国对美出口贸易波动分析——基于中美应对危机政策的视角.世界经济研究,2010(3).

[111]　孟卫东,吉进波,司林波.金融危机对中小企业发展的冲击及应对策略.技术经济与管理研究,2010(5).

[112]　胡求光,李洪英.金融危机对中国出口贸易影响的实证分析.国际贸易问题,2010(3).

[113]　徐雪.国际金融危机以来中国主要外贸促进政策的评价.首都经济贸易大学学报,2009(11).

[114]　许南,李建军.国际金融危机与中国加工贸易转型升级分析——基于全球生产网络视角.财贸经济,2010(4).

[115]　王晓雷.出口退税政策调整对出口规模与出口结构的影响.国际贸易,2008(7).

[116]　易正容.出口退税对广东省外贸行业的影响.时代经贸,2008(2).

[117]　龚一鸣.出口退税机制改革对外贸发展的影响.江淮论坛,2008(6).

[118]　谷永芬,吴倩,陈文宗.出口退税政策对我国纺织行业结构调整的实证

分析.经济问题,2008(8).

[119] 王帅,赵玉焕.出口退税对我国出口商品结构的影响研究.北京理工大学学报,2010(2).

[120] 张熔,杨树琪.应对国际金融危机中国出口退税政策取向.经济问题探索,2010(4).

[121] 赵爽,冯玉瑶.浅析新《劳动合同法》对我国对外贸易的影响.特区经济,2008(12).

[122] 李钢,沈可挺,郭朝先.中国劳动密集型产业竞争力提升出路何在——新《劳动合同法》实施后的调研.中国工业经济,2009(9).

[123] 刘湘国,郭素良,朱海伦.《劳动合同法》对浙江民营企业的影响.嘉兴学院学报,2009(1).

[124] 谭建英.技术性贸易壁垒对我国对外贸易的影响及应对策略.经济师,2009(7).

[125] 丁玉梅,廖良美.贸易壁垒的演化对湖北省对外贸易的影响及其对策.中国高新技术企业,2009(18).

[126] 白琳,张燕.蓝色壁垒对中国外贸结构升级的影响与对策分析.黑龙江对外经贸,2009(8).

[127] 一个民营企业现代式升级,今日中国德力西.德力西公司报,2010(3).

[128] 常玉春.企业FDI微观绩效的影响因素:一个文献综述.经济评论,2010(4).

[129] 谭祖谊.外贸依存度、相互依存度、经济开放度的比较分析.国际贸易问题,2005(11).

[130] 谢健.区域经济国际化:珠三角模式、苏南模式、温州模式的比较.经济理论与经济管理,2006(1).

[131] 林俐.企业国际化方向偏好的比较研究:温州、苏州与泉州.改革,2008(1).

[132] 章定强,管向阳.外贸挂靠经营是温州企业走向世界的通道.温州论坛,2000(5).

[133] 赵伟,陈光特.温州工业化进程中的区域开放:一个纵向考察.温州论坛,2005(4).

[134] 2005—2006年度泉州市百家工业重点企业中外商投资企业占74%.泉州市外经贸简报(63),http://www.fjqz.com/ReadNews.asp?NewsID=469(泉州市外经贸信息网).

[135] 蔡灵跃等.温州民间资本的发展与引导研究.http://bbs.tiexue.net/post_985337_1.html.

[136] 程蕾.温州非公有制工业企业融资效率模糊评价.中国工业经济,2002 (11):84—90.

[137] 郭显光.开放型经济模式的比较.数量经济技术经济研究,2003(5): 23—26.

[138] 何守超.金融危机冲击下的民营企业国际化模式转型——基于温州企业的分析.经济社会体制比较,2010(2).

[139] 王凤彬,杨阳.我国企业FDI路径选择与"差异化的同时并进"模式.中国工业经济,2010(2).

[140] 胡日东,衣长军.基于小规模技术理论的福建民营企业境外直接投资战略分析.经济地理,2006(2).

[141] 王海.中国企业海外并购经济后果研究——基于联想收购IBMPC业务的案例分析.管理世界,2007(2).

[142] 邢建国.对外直接投资战略抉择.北京:经济科学出版社,2003.

后　记

　　本书的写作经历了一个较长的思考与积累过程。回想起来，从积累素材、拟定框架到完成书稿，六年过去了，正如本书的研究主题，是一个渐进式过程。

　　2006 年我们申报的关于民营企业吸引外资的课题获得教育部人文社会科学研究项目资助，课题组便开展研究工作：制定研究计划、收集研究素材、撰写研究报告、征询建议等。研究历时近三年。我们一直关注吸引外资相关实践与研究进展。其间，在《国际贸易问题》、《改革》、《财贸经济》等国内核心杂志发表了多篇论文与相关报刊评论，研究报告的主要观点被温州市对外贸易经济合作局、温州市政策研究室等采纳。2009 年虽然该项目通过顺利结题，但总觉得还有许多问题值得去研究。2010、2011 年我们又承接两项关于民营企业对外贸易、境外投资主题的浙江省社科项目，这使得我们不断地关注民营企业国际化研究，我们开展了一些企业问卷调查与企业访谈并完成了课题研究。这些项目研究成果成为本书写作的基本材料。2012 年我们在上述前期研究基础上，聚焦于民营企业海外投资模式申报了国家社科基金，并获得立项资助。之后，我们加快了研究进展，于 2012 年 10 月终于完成了书稿。但由于自己的知识存量和时间的有限，写完后又感到很多想法没能找到足够的支撑数据和可靠事实，研究还不够深入，同时错误也在所难免。在此，我诚挚地希望能得到广大读者的批评指正。

　　本书的完成要感谢许多人。本书调研工作得到外经贸管理部门和企业的大力帮助，浙江省商务厅、温州、苏州及泉州外经贸局等为我们的调研工作提供了联络与采录的方便，而许多企业负责人在百忙之中接受课题组的问卷调查与访谈，实在令人感动。如果当初没有他们的支持，要完成本书大量的前期调研是件不太可能的事情。

本书研究得到许多同行与前辈的指导。钟昌标教授多年来一直鼓励我要将本研究做下去，而且在研究过程中给了我许多技术性指导，使我在研究中少走弯路，节省了不少时间。中国社会科学研究院康荣平研究员提供了无私指导和帮助。

本书的出版还得到浙江省哲学社会科学重点研究基地（温州人经济研究中心）与温州大学人文社科处的支持与帮助。

同时，本书的完成还要感谢我的研究团队各位同仁的帮助，他们是余官胜、张战仁、陈文芝、刘霞、马媛、周欢怀等，与他们一起讨论与交流，他们独到的见解多次使我走出研究困境与迷惑。

最后，我要感谢我的家人支持。我的先生非常理解与支持我的工作，承担了大量的家庭事务，使我有足够时间投入研究工作。还要感谢我的母亲，她总是在我最需要的时候及时给我力量与帮助！

林 俐

2012 年 10 月于茶山温大

图书在版编目（CIP）数据

民营企业国际化进程研究：基于沿海小区域的考察
／林俐著． —杭州：浙江大学出版社，2012.12
ISBN 978-7-308-10974-1

Ⅰ.①民… Ⅱ.①林… Ⅲ.①民营企业－国际化－研究－中国 Ⅳ.①F279.245

中国版本图书馆 CIP 数据核字（2012）第 318057 号

民营企业国际化进程研究
——基于沿海小区域的考察

林　俐　著

责任编辑	叶　抒
封面设计	刘依群
出版发行	浙江大学出版社
	（杭州市天目山路 148 号　邮政编码 310007）
	（网址：http://www.zjupress.com）
排　　版	杭州中大图文设计有限公司
印　　刷	浙江省邮电印刷股份有限公司
开　　本	710mm×1000mm　1/16
印　　张	12
字　　数	215 千
版 印 次	2012 年 12 月第 1 版　2012 年 12 月第 1 次印刷
书　　号	ISBN 978-7-308-10974-1
定　　价	30.00 元